Jonathan Smith

조너선 스미스 / 방원일

<컴북스이론총서>는
현대를 호흡하는 사상가들을 소개합니다.
단순한 사상의 축약, 해제가 아닙니다.
해당 사상가를 연구해 온 전문가가 직접
사상가의 핵심 키워드 10개를 뽑아 해설하고 비평합니다.
인간과 비인간, 현실과 가상, 문화와 야만의
경계를 넘나드는 모든 사상을 싣겠습니다.
오늘을 살아가는 모든 이의 나침반이 되겠습니다.

컴북스이론총서

조너선 스미스

방원일

대한민국, 서울, 커뮤니케이션북스, 2025

조너선 스미스

지은이 방원일
펴낸이 박영률

초판 1쇄 펴낸날 2025년 12월 24일

커뮤니케이션북스(주)
출판 등록 제313-2007-000166호(2007년 8월 17일)
02880 서울시 성북구 성북로 5-11
전화 (02) 7474 001, 팩스 (02) 736 5047
commbooks@commbooks.com
www.commbooks.com

ISBN 979-11-430-1622-5 04200

책값은 뒤표지에 표시되어 있습니다.

21세기 종교학을 형성하다

조너선 스미스(Jonathan Z. Smith, 1938~2017)는 20세기 말 종교학 이론을 주도한 종교학자다. 1950~1980년대에 종교학을 대표한 학자가 미르체아 엘리아데(Mircea Eliade)였다면, 1980~2010년대에는 스미스가 종교학을 대표했다고 해도 과언이 아니다. 즉 스미스는 엘리아데 이후 세대에 종교학의 길을 제시한 학자였다. 종교 개념이나 비교에 관한 이론적 문제를 제시해 종교학을 엄밀한 학문으로 정립하고자 했다. 깊이 있는 이론적 통찰과 시대, 지역을 넘나드는 방대한 자료 그리고 학술적 위트가 어우러진 스미스의 저서는 학계의 필독서가 되었다. 엄밀한 학문적 토대 위에서 비교라는 종교학의 과업을 추진해야 한다는 스미스의 태도는 현재 종교학 주류의 기본 입장이라 할 만하다. 따라서 스미스는 21세기 종교학의 토대를 형성한 학자로 꼽힌다. 스미스의 저서 안에는 종교학계에서 두루 인용되는 '어록'이 가득하다. 이는 다양한 방식으로 인용되면서 최근 30년간 종교학계의 이론적 논의를 형성한 중요한 문장들이다. 이 책은 스미스의 알토란 같은 문장을 최대한 담아 소개하는 것을 원칙으로 삼았다. 현재 가장 중요한 종교학자임에도 국내에서 스미스를 종합적으로 소개한 단행본이 나온 적이 없다는 점을 고려한 구성이다.

서문에서는 스미스의 학문적 주제들을 만나기에 앞서 그를 이해할 때 필요한 기본 사항들 즉 생애, 주요 저서, 주요 주제 등을 간략하게 소개한 후 그의 학문적 개성에 관해 몇 마디 덧붙이도록 하겠다.

생애

스미스는 1938년 뉴욕 브루클린에서 출생했다. 어린 시절 식물학에 관심이 많아 1956년 코넬대학교 농업대학에 입학했다. 식물에 대한 관심은 평생 계속되어 훗날 스미스가 종교학 비교 연구를 체계화하는 데 자연과학의 분류체계가 긴요하게 사용되기도 한다. 하지만 스미스는 인문학에 대한 갈증을 느껴 하버퍼드대학교로 옮겨 철학을 공부했다. 학부 졸업 논문의 주제는 '신화의 현상학'이었다. 본격적으로 신화를 공부할 생각에 그리스 신화를 공부할 곳을 알아보던 스미스에게 철학 교수는 다음과 같이 말했다.

"신약성경을 공부하는 게 어때? 우리 옆에 여전히 있는 가장 큰 그리스 신화 덩어리니까." 농담 섞인 말이었지만 스미스는 이 말을 받아들여 예일대학교 신학부에 입학했다. 유대인인 스미스는 그곳에서 개신교인을 관찰하는 인류학자처럼 지내다가, 1962년에 신설되어 교수도 학생도 없던 종교학 박사 과정으로 옮겨 갔다. 스미스는 박사 논문에서 제임스 조지 프레이저(James George Frazer)의 ≪황금가지(The Golden Bough)≫를 다루었다. 그러면서 이 종교학 고전이 '비교의 실험실'이기를 기대했지만, 스미스는 이것이 '잘못된 선택'이었음을 알게 된다. ≪황금가지≫에는 수많은 비교가 나오지만, 정작 프레이저에겐 어떠한 비교 방법도 없었기 때문이다.

스미스가 박사 학위를 받고 취업한 1960년대 초는 미국에서 종교학과가 팽창한 시기였다. 1963년 미 대법원은 공립학교에서 진행하는 종교 활동이 위헌이라고 판결했다. 이 판결 이후 한편으로는 공교육에서 종교와 국가의 분리 원칙이 강화되었고, 다른 한편으로는 종교를 가르치는(teaching religion) 과목 대신 종교에 '대해서' 가르치는(teaching about religion) 과목이 공립학교에 개설되어야 했다. 그 결과 비신앙적 종교 지식을 제공하는 종교학과가 여러 대학에 신설되어 종교학 교수를 대거 임용했다. 스미스는 대학 내 종교학의 공간이 급속히 확장된 격변의 시기에 학계에 진출한 학자 중 한 명이었다. 1965~1966년에 다트머스대학교에서, 1966~1968년에 캘리포니아대학교 샌타바버라캠퍼스에서 가르쳤고, 1968년 시카고대학교 교수로 부임했다.

시카고대학교에는 종교학의 거장 엘리아데가 있었다. 그 외에도 스미스는 찰스 롱(Charles Long), 조지프 기타가와(Joseph Kitagawa) 등 저명한 학자들과 친밀한 관계를 맺을 수 있었다. 신학대학원에 소속되었던 다른 종교학자와 달리, 스미스는 인문대학에 소속되어 학부생 대상 강의를 전담했다. 소속 학과 없이 자유로이 연구와 교육에 전념할 수 있는 환경이었다. 이는 인문학으로서 종교학을 강조한 스미스의 태도와 어울리는 자리이기도 했다.

시카고대학교에 있던 시기에 스미스의 종교학이 본격화했다. 엘리아데와의 인간적이고 학술적인 만남을 통해 기존 종교학의 주제, 방법, 자료를 습득했다. 스미스는 거장의 문제의식을 계승하면서도 새로운 자료 독해를 바탕으로 대안적 이론을 제시하는 논문과 저서를 생산하기 시작했다. 스미스의 주저들이 모두 이 시기에 저술되었다. 스미스는 2011년 은퇴할 때까지 44년간 시카고대학교에서 강의했다. 2017년 12월 30일, 스미스는 폐암으로 사망했다.

주요 저서

스미스는 자신의 글을 다양한 곳에 기고했는데, 그의 글로만 구성된 주요 저서로는 다섯 권이 꼽힌다. 이들 저서는 종교학 이론에서 자주 인용되며, 이 책도 이 다섯 권을 중심으로 내용을 구성했다. 출간 연도순으로 나열하면 다음과 같다.

- ≪지도는 지형이 아니다(Map is not Territory)≫(1978)
- ≪종교 상상하기(Imagining Religion)≫(1982)
- ≪자리 잡기(To Take Place)≫(1987)
- ≪신성한 노역(Drudgery Divine)≫(1990)
- ≪종교 관련짓기(Relating Religion)≫(2004)

≪지도는 지형이 아니다≫는 스미스의 첫 논문 모음집이다. 기독교 문헌 분석이나 박사 논문 요약 등 스미스 학문 초창기의 글들이 포함되어 있다. 또한 이후 본격적으로 발달할 이론적 주제를 제시한 글들이 있다. 기존 공간 개념을 넘어선 유토피아 우주론의 제시, 비교 방법의 비교 분석, 학자가 이론 작업에 자료를 사용하는 방식에 대한 비판 등이 그것이다. 낯설거나 오래된 자료가 사용되어 일반 독

자에게는 읽기 버거운 면이 있지만, 책의 마지막에 수록된 "지도는 지형이 아니다"는 스미스 종교학 전체를 조망하기 위해 꼭 읽어야 하는 글이다. 학문 생애 전반에 걸쳐 전개될 핵심 주제들이 밀도 있게 담긴, 스미스 종교학 체계의 밑그림을 보여 주는 글이다.

≪종교 상상하기≫는 스미스의 학문적 출세작이다. "종교만을 위한 자료는 없다"라는 도발적 선언을 담은 서문과 함께 일곱 편의 중요한 논문이 수록되어 있다. 논문마다 분류체계, 비교 이론, 의례 이론, 상황의 어긋남, 맥락 안에서 자료 이해하기 등 핵심 주제를 제시하고 있어 하나하나 주목의 대상이 되었다. 마지막에 실린 "존스 씨 안의 악마(The Devil in Mr. Jones)"는 종교학이 컬트라고 불리는 현상을 어떻게 학문적으로 다루어야 하는지 보여 주는 글로 반향을 일으켰다.

≪자리 잡기≫와 ≪신성한 노역≫은 논문 모음집이 아니라 단일한 주제를 철저하게 파고든 저작이다. ≪자리 잡기≫는 예루살렘 성지를 비롯한 각종 성소를 전전하며 자리와 의례와 관련성이라는 이론적 주제를 탐구한다. ≪신성한 노역≫은 초기 기독교사 자료들과 연구들을 검토하며 비교 이론을 탐구한다. 이 두 책은 폭넓은 사상가들의 통찰, 지역과 시대를 넘나드는 다양한 종교사 자료, 우리

에게 덜 알려진 각종 종교 연구를 섭렵한다. 스미스는 종교 연구에는 '에둘러 가는 길'이 어울린다고 하면서, 이론과 자료로 조화롭게 구성된 여행길로 우리를 안내한다.

≪종교 관련짓기≫는 스미스 말년의 학문적 결산을 담은 책이다. 스미스는 이 책이 최종 저서가 되리라 예감했는지 첫 글 "패를 깔 때(When the Chips Are Down)"에서 자신의 학문적 여정을 정리했다. 이는 스미스 학문 이해에 필수적인 글이고, 이 책 내용에도 토대를 제공했다. 이 책에는 논문 열여섯 편이 수록되어 있다. 엘리아데의 유형론을 분석한 "감사의 글(Acknowledgments)", 종교 개념의 역사를 정리한 "종교, 종교들, 종교적인(Religion, Religions, Religious)" 그리고 말년의 주제였던 '차이'를 본격적으로 탐구한 세 편의 논문이 중요한 글로 꼽힌다.

이들 주저 다섯 권에 더해 두 권의 책을 추가로 소개할 만하다. 하나는 종교학 교육과 관련된 에세이들을 모아 발행한 ≪종교 가르치기에 관하여(On Teaching Religion)≫(2012)다. 스미스가 후배 학자의 제안을 받아들여 교육과 관련해 기고한 글들을 편집한 책으로, 종교학과 인문학 교육에 관한 그의 지론, 그의 실제 강의 내용 등을 볼 수 있다. 스미스는 매년 여름방학을 논문과 강의계획서를 쓰기 위해 비워 두며, 강의계획서야말로 학문적 글쓰기의 중요한 형태라고 강조했다(Smith, 2012: 2). 다른 하나는 스미스가 생전에 했던 인터뷰를 모아 사후에 발간한 ≪조너선 스미스 읽기(Reading J. Z. Smith)≫(2018)다. 사람들이 스미스에 관해 궁금해하는 내용에 스미스가 편안한 언어로 답한 내용으로 구성되었다. 스미스가 평소 유머를 즐겼다는 점도 엿볼 수 있는 대화집이다.

한국에는 스미스의 저서 중 두 권, ≪자리 잡기≫(2009)와 ≪종교 상상하기≫(2013)가 번역되었다. 하지만 절판되어 구하기 쉽지 않다. 스미스 주저의 번역이 완간되어 그의 학문 전모가 한국 연구자들에게 공유되었으면 하는 바람이다.

주요 주제

스미스는 말년의 글 "패를 깔 때"에서 자신이 평생 매진한 주제를 다섯 항목으로 정리했다. 이는 스미스의 학문적 주제를 논할 때 기본이 되고, 이 책에서 키워드 열 개를 뽑을 때도 최우선 고려 사항이었다. 여기서 스미스가 사용한 표현과 그 순서를 따라 다섯 가지 주제를 소개해 보겠다.

① 전복과 반역, 위치지정과 유토피아

② 상황, 불일치, 사유

③ 분류와 비교

④ 문화, 차이, 사유

⑤ 재서술, 번역, 일반화

스미스가 첫째로 꼽은 주제는 '반역의 종교학'이다. 기존 종교학과 차별점을 드러내어 스미스가 학문적 독자성을 형성하는 데 계기가 된 주제다. 스미스는 기성 질서에 저항하는 이들의 종교문화에 주목했다. 이는 1960년대 종교인류학자들의 새로운 연구 흐름이기도 했는데, 스미스는 이 흐름을 반영한 종교학을 구상했다. 기존 종교학은 아름다운 질서를 제공하는 세계관을 주로 다루었다. 그러나 질서가 있으면 '무질서'가 있는 법이고, 무질서가 무(無)의 영역으로 배제되어서는 안 된다는 것이 스미스의 주장이었다. 더구나 질서를 제공하는 세계관은 권력을 지닌 이들의 것이기에 그것을 보편적인 것으로 보아서는 안 된다. 성스러운 공간에 대한 분석에서 이 쟁점은 더 분명하다. 엘리아데가 강조하는 '중심 상징'은 모든 것이 제 자리를 갖는 위치지정(locative) 세계관을 대표한다. 그러나 그러한 위정자의 세계관과 함께 그에 저항하는, 정해진 위치를 거부하는 유토피아(utopian) 세계관을 고려해야 한다는 것이 스미스의 주장이다. 이 책의 4장 "유토피아 세계관"에서 이 쟁점을 다루었고, 이러한 논의가 엘리아데에 대한 대안적 모색의 출발점이라는 점에서 8장 "엘리아데"와 연결된다.

'불일치하는 상황에 대한 사유'는 스미스의 독창적 주제다. 스미스는 이상과 현실의 괴리라는 보편적 주제를 종교 자료에서 읽어 냈다. 과거 종교 연구는 종교의 '이상'만을 다루었고 여기서 어긋난 현실은 배제되었다. 그러나 스미스는 현실 상황에서 '괴리'가 필연적으로 발생하며 더 나아가 그 괴리를 조화롭게 처리하는 사유가 신화와 의례의 핵심을 이룬다는 신선한 주장을 제시했다. 이 주장을 뒷받침하기 위해 종교사 자료를 꼼꼼하게 검토하고 종전과 다른 방식으로 해석했다. 이 책의 5장 "어긋남"에서 상황적 불일치를 해결하고자 한 구체적 사례들을 소개했고, 6장 "의례"에서 의례 관련 사례를 소개했다.

분류와 비교는 스미스를 대표하는 이론적 주제다. 스미스는 종전의 종교 연구에서 종교 현상의 서술 준거인 분류체계와 핵심 방법론인 비교가 기준에 대한 성찰 없이 이루어졌다고 비판했다. 그러면서 신학적 전제나 문화적 편견에서 벗어나 엄밀한 과학적 방법론을 구축하려 노력했다.

이는 종교학계에서 방법론적으로 자주 논의되는 내용이기에 2장 "분류"와 3장 "비교"에서 관련 쟁점을 정리했다. 1장 "종교"의 내용은 분류와 연결해서 이해할 수 있다. 종교 정의는 '종교들'의 상위 범주로서 '종교'를 어떻게 설정하느냐의 문제이기 때문이다.

문화적으로 타자를 어떻게 대면하느냐는 종교사에서 가장 심각한 문제 중 하나다. 스미스는 초기부터 타자를 인식하는 유형에 관심을 보였으며, ≪종교 관련짓기≫에서 풍부한 사례를 통해 이론화 작업을 심화했다. 유럽인이 타자를 인식해 온 역사, 아메리카 발견이 가져온 충격, 기생충학에서 숙주와 기생충의 관계 설정, 외계인과의 조우 등 다양한 사례를 통해 '타자의 이론'을 정립하려고 노력했다. 7장 "차이"에서 그 주요 사례와 이론화 작업을 정리했다.

종교를 이해할 수 있도록 설명하는 것은 종교학 연구의 최종 단계다. 스미스는 종교학 방법론을 체계화하면서 이 최종 작업을 여러 방식으로 표현했다. 종교를 다른 현상과의 비교를 통해 재서술하는 것, 종교를 우리에게 익숙한 다른 영역의 언어로 번역하는 것, 개별 현상을 학자의 비교 안목을 통해 일반화하는 것이 여기 속한다. 가장 자주 사용한 표현은 번역이다. 여기서 번역은 외국어 번역의 의미가 아니라 '알려지지 않은 것'을 좀 더 잘 '알려진 것'으로 바꾸어 서술함으로써 이해시킨다는 넓은 의미로 사용되었다. 9장 "번역"에서 구체적 사례와 더불어 관련 논의를 정리했다. 번역은 종교학의 최종 목적이라는 점에서 10장에서 다루는 "종교학"과도 관련된다.

지금까지 스미스가 강조한 다섯 개 주제를 중심으로 정리했는데, 이 책의 키워드 열 개가 어떻게 배열되었는지에 관해서도 설명을 덧붙이는 편이 좋겠다. 방금 설명한 다섯 개 주제와 이 책 목차의 순서가 달라 다소 혼란스러울 수 있기 때문이다. 이 책은 스미스 학문 체계를 대표할 만한 키워드 열 개를 뽑아 서술했다. 전술한 다섯 개 주제를 중심으로 하되 설명이 더 필요한 개념을 추가해 구성했다. 배열은 느슨하게 시간 추이를 따랐다. 스미스의 학문은 초기부터 주요 주제에 관한 핵심 논리가 갖추어졌고, 후기에 들어 큰 사상적 변화를 보이지는 않았다. 단, 활동 시기에 따라 표현 방식의 차이는 있다. 이를 염두에 두면서 스미스를 대표하는 초기 주제인 "분류", "비교", "유토피아 세계관", "어긋남" 등은 전반부에, 후기에 더 발전된 연구가 나타나는 "차이", "엘리아데", "번역" 등은 후반부에 배치했다. 그러면서 스미스와 관련해 가장 많이 언급되는 "종교"를 제일 앞에, 그의 학문적 특성과 유산을 논하는 "종교학"을 마지막에 배치해 수미상관의 꼴을 갖추었다.

스미스의 종교학

스미스의 종교학이 지닌 색깔은 무엇일까? 이 책을 통해 다양한 색을 만나게 되겠지만, 그에 앞서 굵직한 색 하나를 미리 보이는 것이 도움이 될 것 같다. 고전 종교학은 신이 아니라 인간을 알기 위한 물음이라는 점을 기본 정신으로 강조해 왔다. 스미스 역시 인간 이해를 강조하고 인간의 창조성을 탐구한다. 그런데 표현은 비슷하지만 스미스가 추구하는 인간에 대한 앎은 '인간적인 것은 아무것도 나에게 낯설지 않다'는 계몽주의 정신을 계승한다는 점에서 강조점이 조금 다르다. 스미스는 인간이 이해될 수 있는 존재라는 믿음을 바탕으로 독특성이나 신비와 같은 이해되지 않는 영역을 남기지 않으려 한다.

스미스는 ≪종교 상상하기≫ 서문에서 종교학자의 갈림길을 언급했다. 학자가 종교를 상상하는 두 가지 방식이 있다. 하나는 종교를 인간 경험과 표현의 색다른 범주로 상상하는 것이고, 다른 하나는 종교를 일상적 범주로 상상하는 것이다. 스미스의 선택은 다음과 같다.

> 학문적 기획으로서 종교학이 발전하기 위해 더 생산적인 것은 종교를 일상적 범주로 상상하는 쪽을 택하는 것이다. 그

> 래서 신화와 같은 대표적인 종교학 자료를, 다의적이고 압축된 고도의 상징적 말하기로 다루기보다는 평범한 담론으로, 즉 '보통 이야기'로 다루는 것이 가장 좋다. 간단히 말해 나는 신화나 다른 종교 자료에 어떤 특권도 주어져서는 안 된다고 주장한다.(Smith, 1982: xiii)

종교를 일상적인, 평범한, 보통의, 그래서 다른 영역과 특별히 구분되지 않는, 이해할 수 있는 것으로 본 스미스의 선택에 동의한 학자들이 현재 종교학의 주류를 형성하고 있다. 이 선택은 종교가 독자적인(sui generis) 것임을 강조했던 이전 세대 학자들과 구분되는 지점이다.

스미스는 일상적이고 평범하게 보는 태도에서 출발해 인간의 흥미로운 지적 활동을 볼 수 있는 길을 제시했다. 우리에게 종교는 엄숙하고 진지한 영역이다. 그러나 거기서 인간적인 모습을 볼 때 다른 시야가 열린다. 종교인은 주어진 것을 그대로 실천하는 사람이라고 여겨지기 쉽지만, 스미스가 탐구한 종교인은 주어진 교리나 의례 실천이 현실에 들어맞지 않을 때 그 문제를 그럴듯하게 해결하기 위해 사유하는 존재다. 스미스의 글에서는 놀람, 흥미, 상상력, 창조, 놀이, 농담과 같은 단어가 심심찮게 등장한다. 창조적 사유의 즐거움은 스미스의 연구 대상인 종교적 인간의 모습이기도 하고, 연구자 스미스 자신의 모습이기도 하다. 스미스는 한 형사의 말을 인용한다. "현실이 꼭 흥미로워야 하는 것은 아니지만, 가정(假定)은 흥미로워야 한다."(Smith, 2013: 148) '흥미로운 가정'이 바로 그의 종교학 작업일 것이다. 물샐틈없이 엄밀한 문헌 조사와 사례 분석 위에서 작업하면서도, 스미스는 위트를 담아 인간다운 모습을 탐구하는 매력적인 종교학을 선사한다.

참고문헌

Braun, W. & McCutcheon, R. T.(2018). *Reading J. Z. Smith: Interviews & Essay*. New York: Oxford University Press.

Gill, S.(2020). *The Proper Study of Religion: Building on Jonathan Z. Smith*. New York: Oxford University Press.

Lehrich, C. I.(2021). *Jonathan Z. Smith on Religion*. London: Routledge.

Smith, J. Z.(1978). *Map is not Territory: Studies in the History of Religions*. Leiden: Brill.

Smith, J. Z.(1982). *Imagining Religion: From Babylon to Jonestown*. Chicago: University of Chicago Press. 장석만 옮김(2013). ≪종교 상상하기: 바빌론에서 존스타운까지≫. 청년사.

Smith, J. Z.(1987). *To Take Place: Toward Theory in Ritual*. Chicago: University of Chicago Press. 방원일 옮김(2009). ≪자리 잡기: 의례 내의 이론을 찾아서≫. 이학사.

Smith, J. Z.(1990). *Drudgery Divine: On the Comparison of Early Christianities and the Religions of Late Antiquity*. Chicago: University of Chicago Press.

Smith, J. Z.(2004). *Relating Religion: Essays in the Study of Religion*. Chicago: University of Chicago Press.

Smith, J. Z.(2012). *On Teaching Religion: Essays by Jonathan Z. Smith*. Lehrich, C. I.(ed.). New York: Oxford University Press.

차례

일러두기

- 인명, 작품명, 저서명, 개념어 등은 한글과 함께 괄호 안에 해당 국가의 원어를 병기했습니다.
- 외래어 표기는 현행 어문규정의 외래어표기법을 따랐습니다.

01
종교

"종교만을 위한 자료는 없다." 종교는 본래 존재하는 실체가 아니라 학자의 비교와 일반화를 통해 구성되는 이차적 범주다. '종교'가 서구 기독교 세계에서 만들어져 전파된 외부적 범주라는 사실도 유념해야 한다. 학자가 구성한 다수의 종교 개념은 다양한 창조의 가능성을 보여 준다. 스미스가 정의한 종교는 삶의 상황을 통제하고 의미 있는 공간을 창조하려는 인간의 창조적 탐구 방식이다.

'종교만을 위한 자료는 없다'

종교학자의 이론 작업은 종교를 정의하는 일에서 시작한다. 종교학이 익숙지 않은 사람이라면 학자마다 연구 목적에 따라 다른 종교 정의를 제시하는 상황이 당황스러울 수 있다. 그런데 스미스는 한술 더 떠 종교가 학자의 상상으로 만들어진다고 선언했다. 다음 인용문은 1982년 출판된 스미스의 학문적 출세작 ≪종교 상상하기≫ 서문의 일부다.

> 인간이, 정확하게는 서양인이 종교(religion)를 상상한 것은 몇 세기 되지 않았다. 종교 연구자는 바로 이러한 이차적 체계의 행위, 즉 성찰적 상상력을 중심 과제로 삼아야 한다. 다시 말해 문화마다 여러 기준에 따라 종교적(religious)이라고 특징지어지는 자료, 현상, 인간 경험과 표현이 어마어마하게 많다. 그러나 종교만을 위한 자료는 없다(there is no data for religion). 종교는 오직 학자의 연구를 통해 만들어진다. 종교는 비교와 일반화라는 상상적 행위를 통해, 학자의 분석적 목표를 위해 만들어진다. 종교는 학문 세계를 떠나 독자적으로 존재하지 않는다. 그래서 종교 연구자는, 특히 종교학자는 철저한 자의식을 가져야 한다. 바로 이러한 자의식이 종교학자의 기본적인 전문성이자 가장 중요한 연구 목표를 이

룬다.(Smith, 1982: xi)

숱한 종교학자들이 인용한 화제의 문장이다. 스미스 자신이 "이 문장이 인용될 때마다 5센트씩만 받았으면 40년 전에 은퇴했을 거야"(Braun & McCutcheon, 2018: 71)라고 농칠 정도로, 이 문장은 종교 개념을 다루는 종교학 저술에 빠지지 않고 등장한다. 학자들의 반응은 다양하고 격렬했다. 종교학에 꼭 필요한 학문적 태도를 몇 문장으로 압축했다고 찬사를 보내는 이들도 있고, 학자가 종교를 만든다는 언급이 어불성설이라는 이들도 있다. 더 많은 이들은 글의 기본 취지에는 동의하지만 모든 내용을 받아들일 수는 없다는 태도를 보였다. 정작 스미스 자신은 이 이야기가 뭐 그리 인용할 거리냐는 심드렁한 태도를 보였다. 스미스는 뭐가 그리 당연했을까? 다른 학자들은 무엇에 주목했을까?

우선 인용문에 포함된 주요 사안을 정리해 보자. 첫째는 종교 개념의 역사성이다. 종교는 서구 기독교 사회에서 생성된 개념으로, 근대 서양 세력의 진출과 함께 비서구 세계에 전파된 역사를 지닌다. 둘째는 구성된 범주로서 종교다. 종교는 본래부터 존재한 자명한 개념이 아니다. 문화적으로 주어진 자료에서 가공된 결과물이라는 의미에서 '이차적' 산물이다. 셋째는 학자가 종교를 상상하는 방법이 비교와 일반화 혹은 분류라는 점이다. 넷째는 학자의 자의식이다. 학자는 무엇을 위해 종교를 정의하고 비교하는지 분명히 의식하고 표현해야 한다.

스미스는 이러한 내용 대부분이 종교학계에서 학문적으로 합의된 내용이라고 생각한 듯하다. 실제로 종교 개념의 역사성은 윌프레드 캔트웰 스미스(Wilfred Cantwell Smith)의 ≪종교의 의미와 목적(The Meaning and End of Religion)≫(1962) 이후 학계에 수용되었다. 그런데 "종교만을 위한 자료는 없다"라는 도발적인 문장은 학자들에게 꼭 당연하게 받아들여지지는 않는다. 고전적 종교학에서는 종교가 인간에게 보편적으로 존재한다는 의미에서 '종교적 인간'을 강조했다. 종교는 다른 사회 영역으로 환원될 수 없는 독자적 영역이라는 점이 학문적 정체성을 설정하는 중요한 근거였다. 이러한 태도를 지닌 학자들은 종교의 독특성을 무너뜨리는 이 문장을 받아들이기 힘들다. 이에 대한 스미스의 태도는 단호하다. 스미스는 더 이상 종교의 독자성을 고집해서는 안 되고, 종교를 인간 활동의 한 부분으로, 다른 영역으로 환원·번역해 설명할 수 있는 영역으로 연구해야 한다고 주장했다. 사실상 이 주장에 동의하는 이들이 엘리아데 이후 종교학을 이끄는 새로운 세대를 구성하게 된다.

그런데 스미스를 지지하는 학자들조차 이견을 보이는 부분이 있다. 바로 '누가' 종교를 상상하느냐의 문제다. 스미스는 '오직' 학자들의 연구를 통해 종교가 만들어진다고 못을 박았다. 그러나 현실에서 종교 개념을 만들어 내는 행위자는 학자에 한정되지 않는다. 제국과 식민지의 경계에서 활동한 선교사, 상인, 외교관, 여행가 등 다양한 주체들이 종교 개념화와 비교를 수행했다는 점을 보여 주는 연구들이 많이 있다(Chidester, 1996). 종교가 학문 말고도 법과 같은 공적 영역에서 중요하게 개념화된다는 사실을 지적한 학자도 있다(Beyer, 2003). 그래서 학자만이 종교를 만든다는 언급에 한해서는 지지가 유보되는 경우가 많다(Gill, 2020: 216-217).

외부에서 부여한 범주로서 종교

스미스가 본격적으로 종교 개념의 역사를 다룬 글은 1998년 발표되고 2004년 ≪종교 관련짓기≫에 실린 "종교, 종교들, 종교적인"이다. 이 제목은 종교사의 변화를 요령 있게 담고 있다. 인류는 단일한 종교가 문화권을 지배한 '종교'의 시대, 여러 종교가 공존한 '종교들'의 시대를 거쳐, 기존 종교뿐 아니라 일상적 삶 자체가 의미 있고 절대적으로 여겨지는 '종교적인 것'의 시대를 살아가고 있기 때문이다(정진홍, 2003: 5). 이 글에서 스미스는 대항해시대 이후 서양이 외부의 타자를 대면하는 과정에서 종교 개념을 어떻게 발전시켜 나갔고 이때 이론적 쟁점은 무엇이었는지 정리했다. 이 개념의 역사는 두 기록을 인용하는 데서 시작된다.

> '신세계'에 관한 두 번째로 오래된 영어 기록에서 … 카나리아 제도 원주민은 이렇게 서술된다. "그곳에 콜럼버스가 처음 들어갔을 때, 주민들은 벌거벗었고, 부끄러움도 없었고, 하느님에 대한 지식이나 종교도 없었다." 같은 해에 정복자 역사가 페드로 시에사 데 레온(Pedro Cieza de Léon)은 … 북안데스 원주민을 이렇게 서술했다. "우리가 이해하는 한 그들은 어떤 종교도 지키고 있지 않으며, 예배드릴 집도 전혀 없다."(Smith, 2004: 179)

서양인이 타자를 처음 대면한 순간의 인식을 포착한 진술들이다. 스미스는 여기서 드러나는 종교 개념의 특징 네 가지를 지적한다. ① '종교'는 토착적(native) 범주가 아니라 외부인에 의해 주어지는 범주다. ② 서양 외부인들은 '종교'를 보편적이라고 생각했다. 종교가 없다는 것이 이상하게 여겨진다. ③ 이차적 범주인 '종교'를 구성할 때, 종교의 특성이 우리에게 친숙한 것들로 채워진다. 인용문에서 "하느님에 대한 지식"과 "예배드릴 집"이라는 구절이 이에 해당한다. ④ '종교'는 신학적 범주가 아니라 인간학적 범주다. 종교는 흔히 믿음과 행위 규범의 관점에서 기술된다. 첫째 사례는 종교의 내용을 믿음의 관점에서, 둘째 사례는 행위 규범의 관점에서 이해했다(Smith, 2004: 179-180).

이 지적들은 신대륙뿐 아니라 서양의 진출을 계기로 근대를 맞닥뜨린 세계 다른 지역에서도 되새겨 볼 만하다. 우리나라만 해도 그렇다. 우리가 사용하는 '종교(宗敎)'라는 단어는 전통적으로 사용한 말이 아니라 일본을 경유해 수입된 서구 개념 'religion'을 번역하기 위해 만들어진 신조어다(장석만, 2017). 구한말에 이 땅을 방문한 서양인들은 처음에는 이곳에 'religion'이 없는 듯하다는 사실에 의아해했고, 나중에는 자신에게 친숙한 특성을 바탕으로 종교를 구성해 나갔다(방원일, 2023). 세계 전역에서 근대의 서구 종교 개념이 외부로부터 주어지고 개념화한 과정은 현재 종교학의 중요한 연구 주제다.

인간 창조성의 한 방식으로서 종교

종교 정의 문제로 돌아가 보자. 학자마다 종교를 달리 정의한 탓에 학계에는 무수한 정의가 누적되어 있다. 1912년에 이미 한 책에서 종교 정의들을 모아 소개했는데 그 수가 자그마치 50개 이상이었다. 이는 명확한 종교 정의가 불가능하다는 점을 보여 주는 사례로 언급되곤 한다. 그런데 스미스는 무한 긍정으로 되받아친다. "절대 그렇지 않다! 이 연구자가 주는 교훈은 종교가 정의될 수 없다는 것이 아니라, 무려 50가지 이상의 방법으로 정의될 수 있다는 것이다."(Smith, 2004: 193)

그렇다면 스미스는 학자로서 어떤 종교 정의를 내렸을까? 스미스의 종교 정의는 학문 활동 초기에 제시되었다. 1974년 강연을 바탕으로 1978년에 출판한 ≪지도는 지형이 아니다≫에서 스미스는 자신의 문제의식을 요약한 후 마지막에 종교를 다음과 같이 규정했다.

> 종교는, 의미 있게 거주할 '공간'을 갖기 위해, 역사적 조건이라는 인간의 한계 안에서 자신의 '상황'을 통제하고 조정할 힘(power)을 추구하는 탐색이다.… 종교는 인간 창조성의 특별한 방식이다. 그 창조성을 통해 사람다운 존재를 위한 경계

> 가 발견되는 동시에 창조된다. 우리가 종교를 연구할 때 연구하는 것은 신화·의례·변화의 경험을 통해 힘의 위치들의 지도를 그리고 구성하며 살아가려는 다양한 시도다.(Smith, 1978: 291)

이후 저작에서 스미스가 이 정의를 다시 언급하거나 개정된 형태로 선보인 적은 없다. 말년의 스미스라면 다른 표현을 사용했을 수 있다. 하지만 초기 정의에 나타난 방향성은 스미스의 학문 여정에서 유지되었다. 표현을 음미하며 스미스 종교학의 특징들을 살펴보자. 첫째는 공간에 대한 관심이다. 종교는 "거주할 공간을 갖기" 위한 것이고 "존재를 위한 경계"를 창조하며 "힘의 위치들의 지도"를 그려 준다. 의미를 부여하고 공간을 살아갈 만하게 만드는 종교적 인간의 모습은 스승 엘리아데로부터 계승한 학문적 주제다. 스미스는 이 주제를 이어받으면서도 엘리아데와 다른 방식을 취했고, 훗날 의례를 공간적으로 이론화한 ≪자리 잡기≫에서 공간에 대한 논의를 본격화했다. 둘째는 상황에 대한 통제와 조정이다. 스미스에게 종교는 현실에 대한 반응이다. 종교가 제공하는 이상과 현실의 차이, 어긋남을 지각하고 조정하려는 인간의 노력이 스미스 종교 분석의 핵심 주제다. 셋째는 "인간 창조성의 특별한 방식"이다. 스미스는 종교에서 인간의 치열한 지적 노력을 중시했다. 이러한 지적 성향 덕에 엄숙하게만 보이는 종교 자료 속에서 인간의 위트와 놀이 요소를 찾아내는 논문들이 생산될 수 있었다.

참고문헌

방원일(2023). ≪개신교 선교사와 한국종교의 만남≫. 소명.

장석만(2017). ≪한국 근대종교란 무엇인가?≫. 모시는사람들.

정진홍(2003). ≪M. 엘리아데: 종교와 신화≫. 살림.

Beyer, P.(2003). Conceptions of Religion: On Distinguishing Scientific, Theological, and "Official" Meanings. *Social Compass, 50*(2), pp. 141-160.

Braun, W. & McCutcheon, R. T.(2018). *Reading J. Z. Smith: Interviews & Essay*. New York: Oxford University Press.

Chidester, D.(1996). *Savage Systems: Colonialism and Comparative Religion in Southern Africa*. Charlottesville: University Press of Virginia. 심선영 옮김(2008). ≪새비지 시스템: 식민주의와 비교종교≫. 경세원.

Gill, S.(2020). *The Proper Study of Religion: Building on Jonathan Z. Smith*. New York: Oxford University Press.

Lehrich, C. I.(2021). *Jonathan Z. Smith on Religion*. London: Routledge.

Smith, J. Z.(1978). *Map is not Territory: Studies in the History of Religions*. Leiden: Brill.

Smith, J. Z.(1982). *Imagining Religion: From Babylon to Jonestown*. Chicago: University of Chicago Press. 장석만 옮김(2013). ≪종교 상상하기: 바빌론에서 존스타운까지≫. 청년사.

Smith, J. Z.(2004). *Relating Religion: Essays in the Study of Religion*. Chicago: University of Chicago Press.

Smith, W. C.(1963). *The Meaning and End of Religion*. New York: Macmillan. 길희성 옮김(1991). ≪종교의 의미와 목적≫. 분도출판사.

02
분류

분류는 종교학을 과학적 학문으로 정립하는 핵심 방법론이다. 임의적이고 이원적인 분류에 기반한 '세계 종교'는 종교 분류의 난맥상을 보여 준다. 종교를 단일 본질이 아니라 다양한 속성을 지닌 집합으로 보기 위해서는 생물학의 다중특성 분류학을 참고할 필요가 있다. 이로써 종교학은 경계가 유연하고 혼합성을 인정하는 분류체계를 설정할 수 있다.

분류, 엄밀한 방법론

스미스는 종교학을 엄밀한 방법론을 갖춘 학문으로 정립하려 노력했다. 그 방법론이란 분류와 비교다. 스미스는 종교학의 창시자 막스 뮐러(Max Müller)를 인용해서 다음과 같이 말하곤 했다. "모든 진정한 과학은 분류에 의존한다. 신앙의 다양한 방언들을 분류하는 데 성공하지 않고서는, 종교의 과학(science of religion)은 진정 불가능하다고 우리는 고백해야 할 것이다."(Smith, 2004: 173; Smith, 1982/2013: 45)

요즘 종교학자는 보통 뮐러를 시대착오적 학자로서 인용한다. 뮐러의 "분류하고 정복하라(classify and conquer)"라는 표현이 보여 주듯, 분류는 제국주의 지배에 수반되는 지식이라는 점에서 비판받는다. 이처럼 살아 있는 전통을 함부로 재단하는 분류·비교·설명을 조심하려는 학문적 분위기가 있다. 비슷한 맥락에서 윌리엄 제임스(William James)의 글 한 대목도 많이 인용된다. 제임스는 사물을 분류할 때 그 독특성이 상실되는 것을 우려한다. 만약 어떤 게에게 양해를 구하지 않고 그것을 '갑각류'로 분류하면, 게는 "나는 그런 것이 아냐. 나는 나 자신일 뿐이라고"라며 화를 낼 것이라는 우려다(Smith, 2004: 174).

스미스는 이러한 우려에 분명히 반대한다. 분류를 진정한 과학의 조건으로 꼽은 뮐러를 진정성을 갖고 인용했다. 종교학이 학문으로 자리 잡기 위해서는 분류와 같은 과학적 방법론이 확립되어야 한다고 주장했고, 뮐러가 말한 학문의 조건이 아직도 충족되지 않았다고 생각했다. 그래서 분류와 비교를 저어하는 이들을 "그러려면 학자라고 하지 마라"라며 매몰차게 비판했다. 자신이 갑각류가 아니라는 게의 항변에도 반박하지 못한다면, 종교학은 개별 현상을 일반화하지 못하는 미완결 학문이 될 것이라고 경고했다.

스미스에 따르면 분류는 '불가피한 왜곡을 성취하는 소중한 도구'다. 분류를 통해 "떨어져 있는 현상을 가져와 학자 지성의 공간에 함께 모음으로써, 흔히 놀라움을 자아내면서 설명의 효과를 일으키는 환경을 만들어 낸다"(Smith, 2004: 175). 스미스는 학문 전반에 걸쳐 분류 방법론을 체계화하려 노력했다. 기존 종교학의 분류를 철저하게 비판하고, 생물학 분류를 모델로 대안적 체계를 제시했다. ≪종교 상상하기≫에 수록된 "담장과 이웃(Fences and Neighbors)"과 ≪종교 관련짓기≫에 수록된 "종류의 문제(A Matter of Class)"가 분류에 대한 스미스의 주장을 보여주는 대표적인 글이다.

세계 종교 분류의 문제

종교학의 관건은 현실에서 만나는 '종교들'을 어떻게 분류하느냐다. 이때 흔히 현실 종교들을 일컫는 개념이 '세계 종교'다. 스미스는 일반적으로, 심지어 대학 강의명으로도 사용되는 이 개념의 유통에 강하게 이의를 제기했다.

> 세계 종교는 우리의 것과 같은 종교다. 하지만 무엇보다 세계 종교는 우리 역사 안으로 들어와 역사를 형성하고 역사와 상호작용하거나 가로막을 정도의 충분한 힘과 구성원을 성취한 전통이다. 다른 종교는 모두 보이지 않는다. 우리는 다루어야 할 중요한 지리정치학적 실체에 상응한다는 이유에서 '위대한' 세계 종교들의 통일성과 다양성을 인식한다. 반대로 모든 '원시인'은 우리 역사에서 직접적인 모양으로 대면하지 않는다는 이유에서 소위 '군소 종교'로 단순히 한데 묶인다. 이들은 눈에 띄지 않는다.(Smith, 1978: 295)

세계 종교는 우리 것과 비슷한 종교이고, 무엇보다 힘이 센 종교다. 그렇지 못한 종교는 보이지 않는 '기타 등등'의 종교로 묶인다. 과연 무슨 기준으로 세계 종교와 '기타 등등'의 종교가 분류되는가? 스미스는 개념적 고찰을 통해 이 분류에 놀라울 정도로 학술적 기준이 부재함을 밝힌다.

종교학의 창시자 중 하나인 코르넬리위스 페트뤼스 틸러(Cornelius Petrus Tiele)로 거슬러 올라가면 '세계 종교(religion of the world)'와 '민족 종교(national religion)'의 구분이 나타난다. 세계로 선교하는 보편주의적 종교와 민족의 테두리 내에서 율법을 준수하는 종교를 구분하는 이면에는 기독교와 유대교를 대비하고 기독교를 돋보이게 하는 호교론(apologetics. 종교의 비합리성·비과학성을 비판하는 사람들에 맞서 종교, 계시 및 기독교의 기초를 이성에 의해 설명하는 신학의 한 분야)적 전제가 깔려 있었다. 처음에 보편적 종교에는 기독교, 불교, 이슬람이 포함되었고, 민족 종교에는 유대교, 도교, 유교, 힌두교 등이 포함되었다. 틸러는 세 보편적 종교를 '세계 종교'라고 불렀다.

이후 학자들에 의해 셋은 일곱으로 늘어난다. 여기에 학술적 논리는 없었고 그 대신 스미스가 '다원주의 에티켓'이라고 비꼰 이유가 작용했다. 예의상 기독교와 이슬람에 유대교가 보태지고, 불교에 힌두교가 보태지고, 중국 종교와 일본 종교가 안배되는 식이었다. 게다가 강의와 교재에 따라 세계 종교의 수와 구성원은 가변적이다. 스미스의 비판 이래 세계 종교가 원칙 없이 구성되었다는 점에 대해 학계의 공감대가 형성되었다(Masuzawa, 2005). 최근 종교학계에서는 세계 종교 강의를 어떻게 혁신할지에 관해 뜨거운 논의가 이어지고 있다.

세계 종교가 구성된 과정에서 볼 수 있듯, 지금까지 종교 분류는 이원적으로 이루어져 왔다. '세계적'과 '민족적'의 구분이 대표적이다. 그 외에도 종교사에서 이원적 분류는 참된/거짓된, 계시된/자연의, 주술적/종교적 등 긴 목록을 갖고 있다(Smith, 1982: 6). 이들 분류는 서구 기독교인의 처지에서 '우리'와 '그들'을 구분한 것의 변형이다. 이는 '우리'에 해당하는 것이 우월한 속성을 띠는 호교론적 분류다. 가치가 부여된 이원적 분류에서 벗어나는 것이 종교학의 방법론적 과제다.

과학적 분류를 향해

스미스는 농업대학에서 공부한 식물학도 출신이다. 평생 생물학에 애정을 지녔으며, 분류학 학술지를 정기 구독해 읽었다고 한다(Lehrich, 2021: 9). 생물학에 대한 스미스의 식견은 종교학 여기저기서 드러난다. 예를 들어 스미스는 종교사에서 타자가 어떻게 구성되는지 규명하기 위한 이론적 자원으로 기생충학(parasitology)을 끌어온다. 기생충학만큼 '타자'를 분류하고 정의하는 데 관심 있는 학문이 없기 때문이다(Smith, 2004: 253-256).

생물학에 대한 스미스의 식견이 적용된 가장 중요한 대목은 자연과학의 분류학을 모델로 모색한 대안적 종교 분류법이다. 스미스는 '종교들' 그리고 '종교'를 과(科, family), 속(屬, genus), 종(種, species) 등으로 이루어진 생물학 분류 체계로 표현한다. '종교들'은 속, '종교'는 종에 해당한다. 즉 스미스에게 '종교'와 '종교들'의 관계는 생물학적 상위 범주인 종과 하위 범주인 속의 관계다. 개별 '종교들'로부터 최상위 범주인 '종교'를 구성하는 것이 종교학의 과제다. 이러한 의미에서 종교는 학자들의 연구를 통해 만들어지는 이차적 체계의 추상물이다.

고전적인 식물 분류법은 한 항목이 다른 항목과 구분되는 절대적 독특성을 갖고 있다고 상정한다. 속성들이 등급화되어 있기 때문에 일련의 이분법적 질문들을 던지며 항목을 결정할 수 있다. 예를 들어 어떤 나무를 호두나무로 결정하기 위해 던지는 질문은 다음과 같다. "엽록소가 있는가? 꽃식물인가? 속씨식물인가? 쌍떡잎식물인가? 암술과 수술이 같이 있는가? 이삭꽃차례 형태인가? 부차적인 꼬리꽃차례가 있는가? 톱니모양 꽃받침이 있는가? 꽃잎이 있는가?" 이렇게 이어지는 질문에 '예'나 '아니요'로 답하면서 명확해 보이는 분류가 형성된다. 칼 폰 린네(Carl von Linné)로 대표되는 이 고전적 분류를 일원특성 분류학(monothetic taxonomy)이라고 부를 수 있다. 그런데 진화론의 등장 이후 분류에 시간적 요소가 도입되면서 고전적 분류는 혼선을 빚었다. 이에 따라 대안적 이론으로 1960년대에 제안된 다중특성 분류학(polythetic taxonomy)은 생물학계에서 논쟁을 불러일으켰다(Lehrich, 2021: 23-36). 이 분류학에서는 항목 간 차이가 완전하고 단일한 특성에 근거한다는 생각이 포기되어 한 항목 안에도 다수의 특성이 존재하고 항목의 소속원들이 단일한 특성을 공유하지 않는다(Smith, 1982/2013: 36-38).

스미스는 "담장과 이웃"에서 다중특성 분류학을 종교 분류에 적용했다. 다양한 자료를 통해 초기 유대교를 규정하는 기준들을 검토했다. 첫째 기준은 유대교의 특징으로 흔히 언급되는 남성의 할례다. 그런데 할례의 문헌적 근거는 생각보다 분명치 않고 이해 방식도 다양했다. 즉 초기 유대교에 관한 한 할례는 분류의 단일한 기준으로 적합지 않다. 스미스는 비문 자료를 탐색해 둘째 기준을 발견했다. 회당과의 관계와 회당 참여 여부가 그것이다. 이는 당시 유대인 자기정체성의 기준이었다. 따라서 회당은 유대교에 관한 다중특성 분류체계에서 하나의 다발로 사용될 수 있다.

스미스 자신이 인정했듯 초기 유대교에 대한 분류 작업은 그림이 깔끔하지 않다. 다중특성 분류학 실험은 초기 저작에 주로 나타나지만, 후기 저작에서도 그 이론적 중요성이 계속 언급된다. 이러한 작업의 의의는 한 종교의 유일무이한 특징이 존재한다는 생각, 즉 본질 개념을 포기해야 한다는 점을 일깨우는 데 있다. 종교사에서는 본질을 추구하는 정통(正統)에서 벗어난다고 여겨지는 것들이 경멸받아 왔고, 이는 연구 태도에 영향을 미쳤다. 그러나 종교 전통에는 유연한 경계와 다중적 기준을 통해 접근해야 한다. 스미스는 생물학에서 '개체군(population)' 개념이 '종' 개념을 대체하고 있는 상황을 언급하면서 종교 분류체계에도 범주에 대한 유연한 접근이 있어야 한다고 주장했다. 그럴 때만이 생물학에서는 긍정적 과정인 교합(hybridization)과 그 결과물인 잡종(hybrid)이 종교계에서는 혼합현상(syncretism)이라는 멸칭으로 나타나는 담론적 지형을 바꿀 수 있을 것이다(Smith, 2004: 171).

참고문헌

Lehrich, C. I.(2021). *Jonathan Z. Smith on Religion*. London: Routledge.

Masuzawa, T.(2005). *The Invention of World Religions: Or, How European Universalism was Preserved in the Language of Pluralism*. Chicago: University of Chicago Press.

Smith, J. Z.(1978). *Map is not Territory: Studies in the History of Religions*. Leiden: Brill.

Smith, J. Z.(1982). *Imagining Religion: From Babylon to Jonestown*. Chicago: University of Chicago Press. 장석만 옮김(2013). ≪종교 상상하기: 바빌론에서 존스타운까지≫. 청년사.

Smith, J. Z.(2004). *Relating Religion: Essays in the Study of Religion*. Chicago: University of Chicago Press.

03
비교

지금까지 종교 연구의 비교 모델로 사용되어 온 민족지·백과사전·형태론·진화론은 한계가 있다. 비교에서 유사성은 '발견'되는 것이 아니라 학자의 이론을 통해 '구성'되는 것이기 때문이다. 비교는 항상 x와 y 그리고 학자의 지적 흥미라는 세 항으로 구성된다. 이를 성찰적으로 인식하고 '차이'를 발전시키는 것이 비교의 주안점이다. '독특함'이 아니라 비교를 가능하게 하는 '차이'를 드러내고 정교화해야 한다.

비교, 엄밀한 방법론

비교는 종교학의 중요한 방법론이자 학문의 정체성을 구성하는 개념이다. 뮐러는 "하나만 아는 자는 아무것도 모른다(he who knows one, knows none)"라는 유명한 격언을 내세우며 종교학을 주창했다. 종교학의 초기 명칭이 '비교종교학(Comparative Religion)'이었을 정도로, 한 전통에 매몰되지 않는 비교의 시야를 갖추는 것은 종교학자가 필수적으로 갖춰야 할 요건이었다. 그런데 정작 종교학에서 비교의 기준과 방법에 관한 치밀한 논의는 부족했던 것이 사실이다. 이런 맥락에서 비교를 분류와 더불어 종교학의 엄밀한 방법론으로 구축하려 한 스미스의 이론적 논의는 학계의 호응을 얻었다.

비교에 관한 스미스의 비판적 성찰은 초기 논문 "티끌 모아 태산(Adde Parvum Parvo Magnus Acervus Erit)"과 "비교에는 주술이 살고 있다(In Comparison a Magic Dwells)"에서 제시되었다. 우리 문화에서는 "티끌 모아 태산"이 좋은 뜻으로 쓰이지만, 스미스는 이 격언을 냉소적으로 사용했다. 비슷한 자료를 아무리 모아 봐야 기준이 없으면 쓸데없다는 뉘앙스다. "주술" 역시 부정적 표현으로, 합당한 기준에 의거해 행해야 할 학문적 비교가 막연한 유사성에 기댄 관념 연상으로 이루어졌음을 비꼰 말이다. 스미스의 비평을 진지하게 받아들인 종교학자들이 학회에서 토론하고 기고해 출간된 책이 ≪주술은 여전히 살아 있다(A Magic Still Dwells)≫(2000)다. 한편 스미스는 ≪신성한 노역≫에서 초기 기독교와 고대 종교를 중심으로 비교라는 주제를 집중적으로 다루었다. 이들 저술에 담긴 기존 비교에 대한 스미스의 비판과 그가 제안한 비교의 원칙을 살펴보자.

'비교에는 주술이 살고 있다'

스미스는 기존 종교학에서 행해진 비교를 네 양식으로 분류했다. 그 내용은 다음과 같다.

① 민족지 양식: 여행자의 인상에 바탕을 둔 비교. 낯선 것을 만난 여행자는 고향의 낯익은 것을 기준으로 비교해서 그것이 비슷하거나 비슷하지 않다고 하며 놀란다.

② 백과사전 양식: 문헌에서 추려 낸 교차 문화적 자료를 주제별로 제시하는 비교. 그 결과는 맥락 없이 표면적인 연관성만으로 함께 묶어 놓은 목록들이다.

③ 형태론 양식: 개별 항목을 논리적이고 형식적인 서열에 따라 배열하는 비교. 소수의 '본래적 요소'가 복합적인 체계로 나타난다는 전제가 깔려 있다.

④ 진화론 양식: 주어진 환경에 적응하기 위해 나타난 변화와 지속의 역동성을 강조하는 비교. 생물학의 비교 작업에서 유용하게 이용되었으나, 인문학에서는 만족할 만한 비교의 틀을 제시하지 못했다.(Smith, 1978: 244-264; Smith, 1982/2013: 76-81)

민족지 양식부터 살펴보자. 우리는 낯선 것과 만나는 지적 자극을 위해 여행을 떠난다. 새로운 문화를 접하면 자연스레 우리 문화와 비슷한 점과 다른 점을 견주며 인식을 확장하게 된다. 종교학은 이와 다르지 않은 경험에서 출발한 학문이다. 초기 탐험가의 일지, 여행자의 기행문, 선교사의 보고서, 인류학자의 민족지 등에는 타자와의 만남에서 비롯한 비교의 사유가 담겨 있고, 이러한 자료를 정리하는 과정에서 종교학이 출현했다. 문제는 처음에 '직관, 우연한 연상, 주워들은 지식'에 의해 형성된 비교가 검증을 통해 학술적 자료로 구성되는 과정을 거치지 않은 채 남아 있다는 점이다.

그다음은 백과사전 양식이다. 초기 종교학에는 한 주제

에 방대한 자료를 꿰맞추거나 다양한 항목 아래 연관된 듯한 자료를 모은 저작이 많았다. 프레이저가 쓴 종교학의 고전 ≪황금가지≫가 대표적 예다. 스미스는 박사 논문을 통해 ≪황금가지≫의 비교 원칙을 찾아내려 애썼지만 실패했다. 스미스가 보기에 비슷한 주제를 다룬다고 여긴 자료들을 원칙 없이 나열한 ≪황금가지≫는 비교의 기준 면에서 흥미 위주로 자료를 모은 ≪믿거나 말거나≫ 같은 대중적 백과사전보다 나을 것이 없었다.

형태론 양식은 종교학의 대표적 비교 방법이다. 엘리아데는 원형(archetype)의 반복과 재현이라는 관념에 기반해 종교사 자료를 배열했다. 그런데 스미스는 원형 개념이 직관적 비약을 통해 '계시처럼' 주어진다고 비판했다. 개념적 근거가 설명되지 않았다는 것이다.

진화론 양식은 비교에 시간적 차원을 도입한 양식으로, 인문학에서는 진화론의 오용으로서 나타났다. 즉 초기 "비교종교학은 오래된 형태론 양식에 새로운 진화론적 준거 틀의 문제점들을 부당하고 생각 없이 결합한 것이었다"(Smith, 1978: 256). 그러나 역사성과 형태론의 결합은 스미스가 고안한 대안적 비교 모델의 단초가 되었다.

이처럼 스미스는 지금까지 종교학에서 이루어진 비교를 네 양식으로 분류하고 각각의 문제점을 지적했다. 민족지 양식과 백과사전 양식은 원칙적으로 비교 작업에 부적합하다. 진화론 양식은 문화 현상에 제대로 적용된 적이 없다. 형태론 양식이 유일한 대안인데, 이는 종교학 주류에서 역사성을 배제하는 방식으로 사용되었다. 결국 종교학은 기존 비교를 그대로 따를 수 없는 '상당히 당혹스러운 상황'에 놓여 있다는 것이 스미스의 진단이었다(Smith, 1982/2013: 80-81). 동료 종교학자들은 이러한 비판을 수용해 비교 이론을 발전시켰다. ≪주술은 여전히 살아 있다≫에 기고한 학자들이 스미스의 비판과 대안을 수용한 양상은 각기 달랐지만, 이들 모두 거대 서사가 해체되는 포스트모던 시대에도 방법론적 성찰을 거쳐 비교 연구가 계속되어야 한다는 문제의식에는 전적으로 공감했다.

비교가 갖춰야 할 조건

스미스는 ≪신성한 노역≫ 전반에 걸쳐 비교 문제를 다루었다. 초기 기독교와 고대 후기 신비 종교를 둘러싼 담론을 분석해 비교 이론의 토대를 구축하고자 했다. 학자들은 기독교와 주변 종교의 유사성에 주목하며 '신비'나 '죽음과 부활' 같은 주제를 부각했다. 그러나 이러한 비교에는 기독교의 우월성을 주장하려는 신학적 의도가 은폐되어 있다. 따라서 학자는 반드시 어떠한 지적 맥락에서 비교를 행하는지 성찰해야 한다. 이와 관련해 스미스는 ≪신성한 노역≫ 2장에서 비교의 기본 속성을 제시했다. 그 내용을 정리하면 다음과 같다.

① 유사성과 차이는 '주어진' 것이 아니다. 그것들은 정신적 조작의 결과다. 이런 의미에서 모든 비교는 유비(類比, analogy)의 성격을 띤다.

② 가장 엄밀한 형태의 비교는 학자가 지적인 동기에서 자기 머릿속 공간으로 차이들을 한데 끌어들이는 것이다. 차이들의 공존, 즉 그들의 '같음'을 가능하게 한 것은 바로 학자다. 거기에 '자연적' 친연성이나 역사적 과정은 없다.

③ "x와 y는 유사하다"라는 진술은 논리적으로 불완전하다. 여기서 전제된 것은 x 종과 y 종이 공통종에 속한다는 분류체계의 문제가 아니다. 여기에는 다수의 조건이 포함된 유비와 차이의 진술이 전제된다. 합당하게 표현된 공식은 다음과 같다. "x는 ~에 관해 z보다 y와 더 비슷하다."

④ 다시 말해 비교의 진술은 언제나 이항이 아니라 삼항이다. 학술적 비교에서 '~에 관해'는 흔히 질문, 이론, 모델로 표현되는 학자의 지적 흥미다.

⑤ 다시 말해 비교가 사물이 '어떠하다'고 반드시 말해 주는 것은 아니다. 비교는 모델이나 은유와 마찬가지로 사물이 어떻게 인식될 수 있는지, 사물이 어떻게 '재서술'될 수 있는지 말해 준다.(Smith, 1990: 50-52)

비교에 관한 이런 이야기를 통해 스미스가 말하려 하는 바를 정리해 보자. 첫째, 우리는 유사함이 '발견'되었다고 받아들이지 말고 '왜 유사한지' 물어야 한다. 유사와 차이는 학자의 지적 기획을 통해 만들어지는 것이므로 그 밑에 깔린 이론적 전제, '~에 관해'를 이해해야 한다. 둘째, 학자들은 비교의 셋째 항, 즉 자신의 이론적 전제를 투명하게 인식하고 드러내려 노력해야 한다. 종교학자는 '가혹할 정도로 자기성찰적이어야' 한다. 셋째, 비교는 따로 떨어져 있던 둘을 학자의 머릿속이라는 제삼의 공간으로 끌어들인다는 점에서 은유와 통하는 지적 놀이다(Gill, 2020: 72-76). 비교는 만화경과 같이 관계들을 이리저리 풀었다 헤쳤다 하는 놀이 작업이다(Smith, 1990: 53).

스미스가 ≪신성한 노역≫에서 초기 기독교와 고대 후기 신비 종교를 둘러싼 비교의 역사를 고찰해 도달한 가장 중요한 결론은, 기독교 우월성의 신화가 서구 비교의 역사에 가장 크게 드리운 전제라는 것이었다. '독특함'이라는 언어는 특정 전통을 특권화하고 비교 작업을 교란한다.

> 우리에게 요구되는 것은 '차이' 담론을 발전시키는 일이다. 차이는 협의, 분류, 비교를 불러일으키는 동시에 '같음' 담론을 쉽게 피해 갈 수 있게 해 주는 복합적인 용어다. 결국 같음 담론을 가로막으려는 시도는 '독특함'이라는 기독교 호교론의 언어에 위급함을 불러일으킨다.(Smith, 1990: 42)

종교 전통 내부에서뿐 아니라 종교 연구에서도 독특함이라는 엄중한 장벽이 자유로운 비교를 막아 왔다. 학자는 다름을 '비교할 수 없음'으로 받아들이는 대신 그것을 정교화해 비교할 수 있게 해야 한다. 그래서 "비교는 차이를 지적 흥미의 근거로 받아들이기를 요청"하며, "비교의 문제는 차이에 대한 판단의 문제다"(Smith, 1987/2009: 45).

참고문헌

Gill, S.(2020). *The Proper Study of Religion: Building on Jonathan Z. Smith*. New York: Oxford University Press.

Patton, K. C. & Ray, B. C.(eds.)(2000). *A Magic Still Dwells: Comparative Religion in the Postmodern Age*. Berkeley: University of California Press.

Smith, J. Z.(1978). *Map is not Territory: Studies in the History of Religions*. Leiden: Brill.

Smith, J. Z.(1982). *Imagining Religion: From Babylon to Jonestown*. Chicago: University of Chicago Press. 장석만 옮김(2013). ≪종교 상상하기: 바빌론에서 존스타운까지≫. 청년사.

Smith, J. Z.(1987). *To Take Place: Toward Theory in Ritual*. Chicago: University of Chicago Press. 방원일 옮김(2009). ≪자리 잡기: 의례 내의 이론을 찾아서≫. 이학사.

Smith, J. Z.(1990). *Drudgery Divine: On the Comparison of Early Christianities and the Religions of Late Antiquity*. Chicago: University of Chicago Press.

04
유토피아 세계관

스미스는 엘리아데의 성·속 이론을 흡수하되 한 발짝 더 나아간다. 중심 상징은 권력 이데올로기와 연관된 범주이기에 거기서 배제된 카오스의 측면을 함께 설명해야 한다고 주장했다. 스미스는 '위치지정 세계관'과 '유토피아 세계관'을 구분함으로써, 기존 질서에 순응하는 종교와 경계를 넘어 저항·창조하는 종교를 함께 설명할 수 있는 대안적 이론을 제시했다.

엘리아데에게 던진 질문

공간 이해는 스미스 종교 이론의 핵심이다. 스미스가 엘리아데 종교적 공간 이론을 비평한 것은 스미스의 초기 이론 발달에서 중요한 지점이다. 스미스는 1968년 시카고대학교에 부임한 직후 엘리아데와 지적 교류를 하며 그의 종교학을 본격적으로 습득했고, 1972년 논문 "흔들리는 중심축(The Wobbling Pivot)"을 통해 엘리아데의 핵심 논지를 정리하고 넘어서는 이론적 제안을 내놓았다.

엘리아데는 성(聖, the sacred)과 속(俗, the profane)을 통해 종교적 인간을 서술하는 이론적 틀을 제시한 것으로 유명하다. 엘리아데에게 성스러움은 존재, 힘, 창조성으로 이해되는 실재(the Real)고, 반대로 속됨은 비실재이고 완전한 비존재이며 카오스다. 인간은 원형의 모방 혹은 반복을 통해 완전한 실재를 실현한다. 성스러움은 스스로 드러내는 방식으로 인간에게 주어진다. 그래서 스미스는 엘리아데의 성스러움이 존재론적 범주라고 지적한다. 스미스는 엘리아데 이론을 정리한 후 다음과 같은 네 가지 질문을 제기했다.

① 카오스(chaos)를 속(俗)에 해당하는 것으로 보는 것은 올

바른 이해인가?

② '중심' 범주가 지리 상징체계의 차원에서 너무 협소하게 논의된 것 아닌가? 또 주변에 필요한 관심을 기울이지 않으면서 '중심'에만 그렇게 관심을 기울이는 것이 가능한가?

③ 신화의 최초 시간은 모두 범례적이고 신화적으로 반복되는 것일까?

④ 엘리아데가 다루는 자료들이 '시원적(archaic)'과 '현대적(modern)'이라는 범주 아래 정리되는 것이 최선일까? 신화적-순환적 시간과 직선적-역사적 시간의 이분법은 다양한 문화의 시간적 의미의 풍부한 유형을 제대로 설명할 수 있을까? 전복과 반역은 어떻게 다룰 것인가? 코스모스(cosmos) 속에서 근본적 긴장을 표현하는 신화는 어떻게 다룰 것인가?(Smith, 2004: 16; Smith, 1978: 97-102)

이들 질문의 맥락은 다음과 같다. 첫째, 엘리아데의 성과 속 구도에서 카오스는 성스럽지 않고 실재적이지 않은, 그래서 비종교적인 것으로 개념화된다. 그러나 스미스는 카오스를 위험하고 파괴적인 방식의 '성스러움'으로 보아야 한다고 주장한다. 그것은 비어 있음이 아니라 질서에 반하는 파괴적 창조성으로 주목받아야 한다. 성속 구도를 처음 제안한 에밀 뒤르켐(Émile Durkheim)과 그를 계승한 인류학자 메리 더글러스(Mary Douglas)는 터부와 연관된 '불순한 성스러움'을 언급한 바 있는데, 스미스는 그 이론적 흐름을 계승했다.

둘째, 엘리아데의 성스러운 '중심'은 천상, 지상, 지하를 연결하는 세계의 축을 의미한다. 그런데 이 이론에 부합하지 않는 자료들이 있다. 예를 들어 스미스는 엘리아데가 즐겨 사용하는 사례인 바빌로니아 성소 두르안키(Dur-an-ki)가 하늘과 땅의 결합점이라기보다는 하늘과 땅이 영원히 분리된 배꼽의 의미를 지닌다고 주장했다(Smith, 1987/2009: 50-51). 스미스는 자료 검토를 통해 중심 상징이 보편적인 것이라기보다는 고대 왕권 이데올로기에 바탕을 둔 자료에서 주로 발견된다는 점을 지적했다.

셋째, 엘리아데는 신화적 시간인 태초의 범례가 신화와 의례를 통해 반복된다고 주장했다. 그런데 신화는 이상적 상태를 반복해서 진술하는 것만은 아니다. 현실의 우주적 질서를 뒤집고 재창조하는 신화들이 존재한다. 현실의 문제점을 지적하는, 세계 내 긴장을 담고 있는 종교사 자료를 설명할 범주가 필요하다.

넷째, 스미스는 두 세계관을 지칭할 새로운 용어를 제안했다. 한 세계관은 우주의 구조를 긍정하고 그것을 반복하고자 한다. 이 세계관에 따르면 사람들은 각자 주어진 자리에서 역할에 충실한 제한된 세계 속에 거주한다. 여기서는 중심 상징의 중요성이 강조된다. 다른 세계관은 반란과 자유를 앞세운다. 이 세계관에 따르면 사람들은 주어진 경계를 해체하고 새로운 가능성을 창조하려고 한다. 여기서는 주변과 초월성이 강조된다. 스미스에 따르면 엘리아데의 '시원적' 세계관과 '현대적' 세계관의 구분은 위의 두 세계관을 서술하는 데 적절하지 않다. 시대적 함축을 담은 구분보다는 앙리 베르그송(Henri Bergson)이 제안한 닫힌사회와 열린사회, 혹은 정태적 사회와 역동적 사회와 같이 지향성을 기준으로 하는 구분이 필요하다고 보았다. 이러한 이유로 스미스가 제안한 개념이 '위치지정 세계관(locative view)'과 '유토피아 세계관(utopian view)'이다.

위치지정 세계관과 유토피아 세계관

스미스가 엘리아데 이론에 질문을 던진 것은 비판보다는 합당한 이론적 대안을 제시하기 위함이었다. 스미스는 엘리아데의 종교적 공간 개념을 포용하는 한편, 기존 이론에서 설명되지 않은 측면을 포괄하는 대안적 구분을 제시했다. 그러면서 이 위치지정/유토피아의 구분을 지칭할 때 비전, 지도 등 여러 표현을 사용했는데, 여기서는 알기 쉽게 '세계관'으로 통일하겠다.

위치지정 세계관은 세상 사물에 '올바른' 자리가 정해져 있음을 강조한다. 이 세계관이 그리는 세계는 성스러운 중심을 기준으로 만물이 가지런히 놓인 질서 잡힌 세계다. 이 세계의 구성원은 반복을 통해 모범적 질서와 자기 삶의 자리를 일치시키려 노력한다. 위치지정 세계관은 엘리아데가 '중심의 상징'을 통해 광범하게 탐구했기에 종교학자들에게 잘 알려져 있다. 스미스는 위치지정 세계관이 인간이 세계를 인식하는 기본 방식임을 부인하지 않는다. 하지만 이 세계관이 모든 종교사 자료에 적용되는 보편적 이론이라는 점은 부인한다. 스미스가 보기에 위치지정 세계관이 전형적으로 드러나는 자료는 대부분 고대 왕권을 뒷받침하는 텍스트다. 그래서 이 세계관은 주로 왕권 이데올로기를 강조하는 고전 전통과 도시 문명에서 나타나는 자료에 한정된다고 주장한다. 스미스는 이 지점에서 엘리아데와 차이를 보인다. 엘리아데에게 성스러운 중심은 성과 속을 경험하는 인간의 인식론 차원의 현상으로서 보편성을 지닌다. 그러나 스미스에 따르면 위치지정 세계관은 보편적 인식의 차원이 아니라 권력의 차원에서 발생한다. 그리고 이와 다른 세계관도 존재한다.

유토피아 세계관은 중심 상징으로 설명되지 않는 장소 지향을 설명하기 위해 스미스가 새로 제안한 개념이다. 그것은 지정된 장소를 벗어나려는 방향성을 지닌 사람들의 세계관이다. 여기서 유토피아(utopia)는 어원적 의미, 즉 장소(topos)가 부재(ou)한다는 의미로 쓰인다. 기존 질서가 부여한 자리에 안주하는 대신 그것을 부정하고 해체하고자 하는 반역과 모반의 종교운동이 유토피아 세계관의 대표적 예다. 스미스의 의도를 살려 위치지정 세계관과 유토피아 세계관을 우리말로 다시 표현해 본다면 '자리 잡은 종교'와 '자리 없음의 종교'라고 할 수 있을 듯하다. 스미스는 이 개념 쌍을 다음과 같이 설명했다.

> 우주에 대한 위치지정 지도(locative map)에 속한 신화와 의례는 모든 사물의 상호연관성, 상징화의 적절함, 반복의 가능성과 능력을 가정함으로써 모든 부정합성을 극복하려고 한다. 그들은 의례화된 분리의 순간을 허용한다. 그러나 그것은 고도로 조직된 시나리오의 일부여서 분리된 상황은 재창조를 통해 극복된다.… 우주에 대한 유토피아 지도(utopian map)는 상호결속, 일치, 반복에서 공포와 갑갑함을 느낄 때 발달한다. 이 분리의 순간들이 유한한 존재와 동시

대적인 것으로 받아들여지며, 세계는 혼란스럽고 뒤집어지고 일시적인 것으로 인식된다.(Smith, 1978: 308-309)

기존 종교학이 일치와 동일성을 강조했다면, 스미스의 종교학은 다름과 어긋남을 중요한 주제로 다룬다. 스미스가 제안한 유토피아 세계관은 연구자가 기존 질서와의 다름에서 오는 불화, 그 긴장에도 주목하도록 요청한다.

꼬리칸 사람들의 세계관

위치지정 세계관과 유토피아 세계관의 구분은 스미스의 초기 저작에서 제시되었다. 또한 종교적 공간을 중점으로 다룬 ≪자리 잡기≫에서 위치지정 세계관의 고전적 위계가 구약성경 자료를 통해 세밀하게 탐구되었다(Smith, 1987/2009: 137-146).

두 세계관은 시간적이거나 논리적인 선후 관계에 있지 않다. 유토피아 세계관이 나중에 오는 것 아니냐는 오해가 있지만, 이 둘은 공존할 수 있는 두 형태의 세계관이다(Smith, 2004: 16). 여기서 두 세계관의 이해를 도울 좋은 예로 봉준호 감독의 영화 <설국열차>(2013)를 이야기하고 싶다. <설국열차>는 극한의 빙하기에 열차 속에서 생존하는 사람들을 그린 디스토피아 영화다. 거대한 열차는 폐쇄적이고 자족적인 하나의 세계로, 성스러운 엔진(Sacred Engine)이 부여한 '영원한 질서' 속에서 운행된다. 열차 안의 사람들은 신분에 따라 자리가 엄격하게 분리되어 있다. 머리칸에는 권력자와 상류층이 거주하고, 중간칸에는 생산·서비스·교육 기능이 분배되며, 꼬리칸에는 하층민이 열악한 환경 속에서 살아간다. 위치 이동은 철저히 금지된다. 열차 관리인인 메이슨 총리(틸다 스윈턴 분)의 다음과 같은 대사에 열차 내 세계관이 요약되어 있다. "이 열차에서 질서만이 우리를 뼈아픈 추위에서 지켜 준다. 생명의 열차에 탄 모든 사람은 정해진 자리를 벗어나면 안 된다. 각자 미리 정해진 고유의 자리를 지켜야 한다."

그런데 꼬리칸의 하층민이 반란을 일으켜 수뇌부가 있는 머리칸으로 진격한다. 여느 반란군의 목표는 기차 내에서 앞자리로 가는 것이었지만, 그중 한 명인 남궁민수(송강호 분)는 다른 생각을 품고 있었다. 그는 열차 바깥으로 나가야 한다고 주장한다. 남궁민수는 딸에게 다음과 같이 말한다. "내가 진짜 하고 싶은 게 뭔지 알아? 바깥으로 나가는 문을 여는 거야. 밖으로 나가자." 영화는 생존한 딸이 파괴된 기차 밖으로 나서는 장면으로 마무리된다. 열차 밖은 춥고 생명 없는 세계인 것 같지만, 남궁민수는 새로운 가능성을 위해 기어코 열차 바깥으로 나가려고 했다. 자리를 지켜야 한다는 메이슨 총리의 말이 위치지정 세계관의 특징을 보여 준다면, 남궁민수의 말은 유토피아 세계관의 특징을 보여 준다.

이론적 맥락은 다르지만, 그간 간과되었던 질서 바깥의 세계관 즉 질서 전복의 세계관에 주목한다는 점에서 동료 학자 브루스 링컨(Bruce Lincoln)의 종교 분류도 스미스와 통하는 바가 있다. 링컨은 한 사회 내에서 다양한 종교가 각축을 벌이는 양상에 주목한다. 지배 집단은 자신의 이데올로기를 확산해 사회의 근본 가치와 원리로 제시하고자 한다. 그들은 '현상 유지 종교(religion of the status quo)'를 사용해 자신의 권력을 합법화한다. 반면 하층민이나 식민지인 중에는 지배 이데올로기를 전복하려는 이들이 있다. 이들의 대안적 종교가 '저항 종교(religion of resistance)'고 이 종교가 체계화되어 '혁명 종교(religion of revolution)'로 발달하기도 한다(Lincoln, 2003/2005: 167-192). 기존 종교학이 중심에 포섭되지 않는 종교 현상을 카오스의 영역으로 배제하고 적극적 관심을 보이지 않았다면, 스미스를 비롯한 최근 학자들은 꼬리칸 사람들의 종교를 적절하게 묘사하기 위한 새로운 개념을 제안하고 다듬었다.

참고문헌

Lincoln, B.(2003). *Holy Terrors: Thinking about Religion after September 11.* Chicago: University of Chicago Press. 김윤성 옮김(2005). ≪거룩한 테러: 9·11 이후 종교와 폭력에 관한 성찰≫. 돌베개.

Smith, J. Z.(1978). *Map is not Territory: Studies in the History of Religions.* Leiden: Brill.

Smith, J. Z.(1987). *To Take Place: Toward Theory in Ritual.* Chicago: University of Chicago Press. 방원일 옮김(2009). ≪자리 잡기: 의례 내의 이론을 찾아서≫. 이학사.

Smith, J. Z.(2004). *Relating Religion: Essays in the Study of Religion.* Chicago: University of Chicago Press.

05
어긋남

종교의 핵심 주제의 배경에는 이상과 현실의 어긋남이 있다. 기존 학자들이 유사성과 반복을 강조했다면 스미스는 불일치와 차이에서 창조성을 보았다. 예컨대 스미스는 하이누웰레 신화를 통해 경제적 불평등을 사유한다. 아울러 예루살렘 성지 상실 이후 유대교와 기독교가 일상 실천과 전례 구조를 통해 성스러움을 재창조한 모습을 포착한다. 불일치 속에서 사유하고 그에 창조적으로 대응하는 종교적 인간은 '놀이하는 인간'이기도 하다.

틀어지는 것을 마름질하기

어긋남의 상황에 대처하는 종교적 인간은 스미스 종교학에서 단연 빛나는 주제다. 여기서 어긋남은 이상과 현실 사이 차이를 가리키며, 스미스의 글에서 불일치(incongruity)나 부정합성(discrepancy)으로 표현된다. 우리는 종교가 제시하는 고매한 이상을 따르는 삶을 추구하지만, 현실은 예상과 다른 돌발 상황의 연속이므로 그 이상을 그대로 따르는 것은 불가능하다. 이상에 맞게 현실을 조정하는 일이 필연적으로 일어난다. 이 지점에서 선배 종교학자들과 스미스는 선명하게 다른 강조점을 보인다.

선배 학자들은 유사성과 일치를 강조하는 종교학을 추구했다. 엘리아데에 따르면 인간에게 의미는 원형적 행위의 재생산, 신화적 범례의 반복을 통해 부여된다(Eliade, 1959: 4-5). 엘리아데는 원형의 반복을 강조하며 종교적 인간의 창조성을 설명했고, 여러 문화에서 유사한 사례를 찾는 비교 연구를 통해 유형론을 구축했다. 반면 스미스는 차이와 어긋남을 강조하는 종교학을 추구했다. "유사점보다는 차이점이 흥미롭다"(Smith, 1982/2013: 29)는 것이 스미스의 일관된 태도다. 동일성의 종교학에서 불일치는 예외적이고 부차적인 것이지만 스미스 종교학에서는 핵심 사례다. 동일성의 종교학에서는 반복을 통해 창조성이 부여되지만 스미스 종교학에서는 어긋남을 직면하면서 창조성이 발휘된다.

스미스가 학문 초기부터 강조한 지도(map)와 지형(territory)의 비유는 종교를 살아가는 인간의 상황을 보여준다. 지도는 현실을 헤쳐 나가기 위해 전통으로부터 주어지는 세계관이다. 지형은 맨땅, 인간이 실제로 경험하는 현실이다. 신화를 낭송하는 사람과 의례를 행하는 사람은 분명 종교 전통에서 주어진 '대본'에 따라 실천한다. 그러나 주어진 대본과 삶의 현실은 같을 수 없기에 '필연적 불일치'가 발생한다. 이때 종교인은 불일치를 어떻게 사유하고 그것에 대처하는가? 이것이 스미스 종교학의 핵심 주제다.

종교에 부정적 편견을 지닌 사람들은 종교를 옛것을 무비판적으로 반복하는 고리타분한 문화로 여길 것이다. 그러나 스미스는 반복되는 듯한 종교적 실천 속에 감추어진 융통성을 드러내는 작업을 해 왔다. 치밀한 텍스트 읽기를 통해 새로운 관점을 제시했다. ≪종교 상상하기≫와 ≪자리 잡기≫에 수록된 핵심 사례들을 살펴보자.

코코넛 처녀가 싼 똥

하이누웰레(Hainuwele) 신화는 인도네시아 스람섬 웨말레(Wemale) 부족이 전하는 이야기다. 태초에 조상 아메타(Ameta)가 멧돼지 이빨에 낀 코코넛 열매를 발견해 땅에 심었다. 코코넛꽃이 피자 아메타가 손에 상처를 내어 꽃에 피를 떨어뜨렸고, 9일 후 꽃봉오리에서 여자아이가 자라 처녀가 되었다. 아메타가 처녀를 나무에서 떼어 내고 하이누웰레(코코넛 처녀)라는 이름을 붙여 주었다. 하이누웰레에게는 남다른 면이 있었다. 오줌과 똥을 누면 중국 자기, 금속 칼, 구리 상자, 금귀고리, 놋쇠 징과 같은 값비싼 물건이 나왔다. 축제 때 이 모습을 본 사람들이 시샘해 구멍을 파고 하이누웰레를 유인해 던져 버린 후 흙을 단단히 밟으며 그 위에서 춤을 추었다. 아메타가 땅을 파서 하이누웰레의 시신을 찾아냈고, 시신 조각들을 땅에 파묻었다. 시체 조각에서 알려지지 않은 식물이 자라났고, 그것이 스람섬 사람들의 주식이 되었다.

이 신화를 소개한 학자는 아돌프 옌젠(Adolf Jensen)이다. 옌젠은 이 신화에서 태고 시대 남성이 수행한 살해 의례와 여성의 출산과 연관된 식물의 모습을 읽어 낼 수 있으며, 이는 남성의 생식력과 여성의 생산력 관념을 보여 준다고 설명한다. 여기서 신화가 다루는 것은 인간과 사물의 관계를 형성한 '태고 시대의 중요한 사건'이다(Jensen & Niggemeyer, 1939/2014: 47-72). 그러나 스미스는 텍스트 재검토를 거쳐 옌젠의 주장이 신화의 몇 가지 세부 사항에만 의존하므로 설득력이 떨어진다고 비판했다. 그리고 옌젠이 지나친 대목, 즉 하이누웰레의 특이한 배설물에 주목한다. 중국 자기 등 화폐경제에서 유통되는 값비싼 물건이 신화에서 튀어나오는 '부정합적인 느낌'이 하이누웰레 신화의 핵심이라는 것이다. 스미스에 따르면 이 신화의 주제는 '더러운 돈'의 기원이다. 당대에 멜라네시아 원주민은 화폐경제의 도입과 함께 시작된 백인의 수탈에 시달리고 있었다. 상호 균등에 입각한 전통적 경제 윤리가 무너졌고, 화물 숭배(cargo cult)라는 종교운동의 유래가 된 도덕적 위기가 도래했다. 하이누웰레 신화는 이러한 상황에 대한 지적 반응이었다.

> 하이누웰레 신화는 고대의 신화적 요소를 화물 상황(cargo situation)이라는 새로운 조건에 적용시킴으로써 등장한 것이다.… 이 이야기의 배경은 신화적인 '아득한 옛날 옛적'이 아니라, 유럽인이 도래한 이후 고통스러운 삶이 진행되던 바로 '지금, 여기'인 것이다.

스람섬의 하이누웰레 신화는 문제를 풀지 못하고, 부정합성을 극복하지 못하며, 혹은 긴장을 해소하지 못한다. 그보다 하이누웰레 신화는 원주민들이 곰곰이 생각을 하도록 한다. 하이누웰레 신화는 개정(reification)의 희망을 갖고 전통의 유형과 범주를 새로운 상황과 자료에 적용해 얼마나 적합하게 사용할 수 있는지 시험하는 시도다. 이것이 원주민의 천재적 해석의 행위이자 작업의 과정이다.(Smith, 1982/2013: 240)

스미스의 선배 학자들은 신화에 나타난 현대적 요소를 후대에 삽입된 부차적 요소로 보았다. 즉 신화의 원래 주제를 오염시키는 비본질적 부분으로 보았다. 스미스는 반대로 현대적 요소를 신화의 핵심으로 보았다. "원형적 신화는 존재하지 않는다. 적용만이 존재할 뿐이다." 이로써 신화에 대한 관점이 바뀌었다. 그것은 단순한 옛날이야기가 아니다. 지금의 현실 속에서 발언되는 옛날이야기이자 현실과의 어긋남에서 비롯한 지적 결과물이다. "신화의 불일치는 오류가 아니다. 그것이 바로 신화의 힘의 근원이다."(Smith, 1978: 299)

성지 상실에 대응하는 방법

≪자리 잡기≫는 예루살렘 성지(聖地) 상실에 대한 종교인의 반응을 다룬 책이다. 스미스의 저서로서는 흔치 않게 책 전체에 걸쳐 한 주제에 집중한 작품으로, 스미스 스스로가 밝혔듯 그의 작업 중에서 "상황의 불일치에 관한 가장 지속적인 탐구"다(Smith, 2004: 19). 유대인에게 예루살렘은 이스라엘 왕국의 수도이자 '하느님의 집'인 성전(Temple)이 세워진, 하느님과 인간이 만나는 예배의 중심지였다. 솔로몬 왕이 건립한 최초의 성전은 기원전 586년 바빌로니아의 침입으로 파괴되었다. 유대인은 바빌론 유배 생활에서 돌아온 후 제2성전을 건립하기 시작해 기원전 515년경에 완성했다. 이 성전은 기원후 70년, 로마군이 예루살렘을 점령했을 때 완전히 파괴되었다. 성전의 서쪽만 '통곡의 벽'으로 남은 채, 유대인은 세계 각지로 흩어져 디아스포라를 이루며 살아갔다.

기독교인에게 예루살렘은 예수 그리스도의 활동, 특히 최후의 만찬, 십자가형, 부활이 발생한 신앙의 중심지다. 특히 기독교를 공인한 콘스탄티누스 황제의 어머니 헬레나 황후가 예루살렘을 조사해 골고다 언덕과 그리스도 무덤의 자리를 발견했다고 발표하고, 335년 성묘교회(Church of the Holy Sepulchre)를 건설하고 봉헌함으로써 "새로운 의례 장소가 창조"되었다. 십자가 나무가 발견되었다는 전설이 추가되었고, 순례자들이 참가하는 의례가 확립되었다(Smith, 1987/2009: 151-173). 그러나 이슬람 세력이 부상하고 십자군 전쟁 중이던 1187년에 예루살렘이 함락당하자 유럽 기독교인이 예루살렘에 물리적으로 접근해 순례하기가 어려워졌다. 요컨대 유대교인과 기독교인은 종교의 핵심 의례가 이루어지던 중심적 성지를 상실했다. 그렇다면 종교사적으로 손꼽히는 이러한 '중심의 상실'이 신앙인의 파멸로 이어졌는가? 스미스는 그러지 않았음을 면밀하게 분석해 제시했다.

유대인은 불가능해진 성전의 의례 대신 일상의 실천을 성스러운 것으로 변환했다. 주변 사물에 올바른 자리와 고유한 이름을 부여한 질서 있는 세계 속에서 살아감으로써 '하느님이 하는 것처럼 세계가 일하도록' 하는 성화(聖化, sanctification)를 실천했다. 스미스는 히브리 성서의 에스겔서를 면밀하게 분석해 그 지적 논리를 보여 주었다. 성전 의례에 존재하는 성과 속, 깨끗함과 부정의 질서는 '관계성의 구조'로 체계화되어 성전 외부로 복제될 수 있었다. 이는 하느님 말씀을 일상의 실천으로 주해하는 ≪미슈나≫의 복잡한 구조로 표현될 수 있었다(Smith, 1987/2009: 148-149).

기독교인도 이에 비견되는 변환 작업을 했다. 성묘교회에서 공간적으로 행해지던 의례는 그 구조가 추출되어 다른 공간 구조로 복제되었다. 우리에게 잘 알려진 사례로는 중세 이후 유행한 십자가의 길이 있다. 아울러 공간 구조는 기독교 전례의 시간적 구조로 번역되었다. 지리적 인접성이 시간적 관계성으로 번역됨으로써 전례의 수행이 순례를 대체할 수 있었다. 이런 의미에서 ≪미슈나≫와 전례년(典禮年)은 '새로운 예루살렘'이라고 불릴 만한 창조물이다(Smith, 1987/2009: 181-197).

이들 사례에서 스미스가 보여 주는 것은 종교인이 겪는 현실과 이상의 어긋남이다. 이전의 종교학이 종교인이 추구하는 이상을 중심으로 연구했다면, 스미스의 종교학은 종교인이 현실에 눈감고 있지 않다는 점을 강조한다. 종교인이 겪는 어긋남은 우리가 현실에서 겪는 것과 다르지 않은, 인간의 보편적 조건에 해당하는 문제다. 지도와 지형, 즉 세계관과 현실은 같지 않다. 하지만 지도를 통해 지형을 파악할 수밖에 없는 것이 우리 삶이다. 지도와 지형의 어긋남을 벗어날 수 없기에 종교인은 그 차이를 인정하고 그 사이에서 사유하는 법을 익힌다. 여기서 '놀이'가 발생한다. 이런 의미에서 스미스에게 종교적 인간은 놀이하는 인간이다.

참고문헌

Eliade, M.(1959). *The Myth of the Eternal Return: Or, Cosmos and History*. Trask, W. R.(trans.). New York: Harper & Brothers.

Jensen, A. E. & Niggemeyer, H.(1939). *Hainuwele: Volkserzählungen von der Molukken-Insel Ceram*. Frankfurt am Main: Klostermann. 이혜정 옮김(2014). ≪하이누웰레 신화≫. 뮤진트리.

Smith, J. Z.(1978). *Map is not Territory: Studies in the History of Religions*. Leiden: Brill.

Smith, J. Z.(1982). *Imagining Religion: From Babylon to Jonestown*. Chicago: University of Chicago Press. 장석만 옮김(2013). ≪종교 상상하기: 바빌론에서 존스타운까지≫. 청년사.

Smith, J. Z.(1987). *To Take Place: Toward Theory in Ritual*. Chicago: University of Chicago Press. 방원일 옮김(2009). ≪자리 잡기: 의례 내의 이론을 찾아서≫. 이학사.

Smith, J. Z.(2004). *Relating Religion: Essays in the Study of Religion*. Chicago: University of Chicago Press.

06
의례

의례는 단순한 반복이 아니라 현실에서 발생하는 어긋남에 대응하는 지적이고 창조적인 행위다. 곰사냥 의례에서 볼 수 있듯이 현실과의 괴리가 드러날 때 사유가 촉발되며, 여기서 의례의 힘이 발생한다. 의례는 단순한 교리 표현이 아니라 특정한 자리를 성별해 성스러움을 창조하는 적극적 행위다. 성과 속을 고정된 실체가 아니라 상황적·관계적 범주로 이해하게 한다.

반복과 창조성

의례에 대한 고정 관념이 있다. 의례는 이전부터 행해져 온 몸짓을 반복한다. 이는 우리에게 고리타분하고 창조적이지 못한, 생각 없는 반복으로 보인다. 스미스의 의례 연구는 고정 관념을 뒤집는다. 스미스에게 의례는 현실에 대한 지적 반응이다. 또한 의례는 무언가를 만들어 내는 창조적 활동이다. 스미스는 의례에 관한 과거 연구의 문제점을 다음과 같이 요약했다.

> 의례를 다른 것(바라는 결과를 주술적으로 모방하는 것, 감정을 달리 표현하는 것, 또는 관념을 상징적인 행위로 드러내는 것, 텍스트를 드라마화하는 것 등)에 부합하는 것으로 이해하는 것은 그리 적절하지 못하다. 의례가 힘을 얻는 것은 부적합성이 인식되고, 그에 대한 사유가 행해질 때다.(Smith, 2013: 161-162)

스미스는 의례를 다른 것으로 환원하는 태도를 비판한다. 과거의 연구는 텍스트, 관념, 감정, 욕망 등 추상적인 무언가를 상정한 채 의례를 그것의 표현 즉 이차적 산물로 이해하려는 경향이 강했다. 반면 최근 연구자들은 의례를 몸

짓 자체의 차원에서 이해하려 노력한다. 또한 스미스는 주어진 것의 반복 속에서 동일성보다는 차이를 찾아내려 했다. 의례에서 자신의 특유한 주제인 어긋남에 대한 성찰을 발견하고, 그것을 의례의 핵심 기능으로 끌어올렸다.

의례의 실천과 현실

≪종교 상상하기≫에 수록된 "의례의 발가벗은 진실(The Bare Facts of Ritual)"에서 사례로 든 곰사냥 의례는 부정합성의 인식에서 의례의 힘이 발생한다는 스미스의 주장을 잘 설명해 준다. 곰사냥 의례는 북태평양 연안, 즉 북아메리카와 시베리아 그리고 홋카이도에 이르는 지역에서 행해진다. 이들 지역에서 두드러지는 수렵사회는 곰사냥이 생존에 필수적이다. 의례는 다음과 같이 진행된다. 사냥꾼은 일정 기간 금기를 지키며 스스로를 정화하면서 준비한다. 야영지를 떠나 엄격히 정해진 경로를 따라 동물과 정령의 숲 영역으로 신중하게, 손님의 태도를 갖추며 진입한다. 드디어 곰을 만나 살해하는 순간에 이르렀을 때, 그는 엄중히 예의를 지키며 사냥해야 한다. 사냥은 사냥꾼에 의해 동물이 살해되는 것이 아니라 동물이 자진해서 사냥

꾼의 무기에 자신을 바치도록 진행되어야 한다. 그래서 곰이 굴에서 잠자고 있을 때 죽여서는 안 되고, 곰이 사냥꾼에게 달려오거나 일어서 있을 때만 사냥할 수 있다. 상처도 특정 부위에만 입힐 수 있다. 사냥에 앞서 다음과 같은 찬가를 부르기도 한다. "곰님께서 저에게 오셨습니다. 저에게 죽여 달라고 바라십니다." 사냥 후 곰 시신을 갖고 인간 세계로 돌아와 죽은 곰의 영혼을 초자연적 주인에게 되돌려주는 의식을 치르고, 시신을 해체해 사회적 질서에 따라 분배한다(Smith, 1982/2013: 151-155).

그런데 스미스는 의례 자료를 이렇게 정리한 후 종교학자들이 좀처럼 던지지 않았던 질문을 한다. "이 내용을 그대로 받아들여도 되는가? 정말 그럴까?" 목숨을 건 사냥 현장에서 곰이 특정한 자세를 취할 때만 사냥하고, 찬가를 부르는 동안 곰이 기다려 주고, 피 흘리지 않은 채 사냥하는 일이 가능할까? 이런 의구심을 품고 조사한 결과, 스미스는 현실은 다르다는 것을 알 수 있었다. 실제 곰사냥에서는 곰을 직접 대면하는 대신 덫, 함정, 올가미, 엽총 등을 사용하며, 곰을 괴롭히기 위해 굴 입구를 막거나 개를 푸는 등 여러 방법이 동원된다. 곰사냥 의례가 묘사하는 것은 '완전한 사냥'이지만, 현실에서는 다른 방식으로 사냥할 수밖에 없다. 여기에 부정합성이 존재한다.

선배 학자들은 의례가 표면적으로 전달하는 의미, 즉 곰 사냥을 통해 공동체의 생존을 보장하는 동시에 인간과 자연 세계 간 조화를 유지한다는 주제에 집중했다. 의례가 현실에서 실행되는 과정에서 생기는 변화, 즉 '적응'의 측면은 이러한 접근에서 부차적이었다. 반면 스미스는 일치가 아니라 어긋남에 주목했다. 의례가 상정하는 것은 실제 사냥에서 도저히 달성될 수 없는 상호적 협력이기에, 사냥꾼은 현실과의 괴리를 이미 알고 있었다. 차이의 인식이 의례 이해의 핵심임을 스미스는 다음과 같이 서술한다.

> 의례는 사물이 존재하는 방식(the way things are)에 대해 의식적으로 긴장하면서 사물이 마땅히 그래야 할 바(the way things ought to be)를 수행하는 수단이다. 의례가 비일상적인 배경에 놓인 지극히 일상적인 행위와 관련된다는 사실, 의례가 묘사하고 보여 주는 것이 원칙적으로 어떠한 일상 행위의 발생에 대해서도 가능하다는 사실, 바로 그 사실에 의례의 힘이 의존한다. 그러나 또한 그러한 가능성이 사실상 실현될 수 없다는 사실을 인지하는 것에도 의례의 힘이 의존한다.(Smith, 1987/2009: 222)

의례에서 전승되는 내용과 실제 현장에서의 실천이 일

치하지 않으며 오히려 그 어긋남에 주목해야 한다는 통찰은, 의례를 퍼포먼스(performance)로 이해하려는 최근의 의례 연구 흐름과 맥을 같이한다. 예술에서 퍼포먼스는 악보나 각본에 따라 연주·공연·연기하는 예술가의 공연이다. 훌륭한 예술가는 주어진 대본에 기반하되 거기에 자신의 해석을 불어넣어 자신만의 공연을 완성한다. 의례 수행자 역시 주어진 의례 매뉴얼에 따라 행위하지만, 현실에서는 매뉴얼과 다른 돌발 상황이 항상 발생하기 마련이며 수행자는 운영의 묘를 발휘해 달라진 환경에서 의례가 완수될 수 있도록 해야 한다. 퍼포먼스 접근을 강조하는 학자들은 의례에서 동일한 반복이 아니라 현실의 차이에도 불구하고 의례를 만들어 나가는 유연성, 애드리브 능력을 강조한다(Bell, 1998). 스미스가 퍼포먼스라는 용어를 사용한 적은 없다. 하지만 현실과의 불일치에 대한 반응을 핵심 주제로 삼는다는 점에서 이들 학자와 이론적 태도를 공유한다고 볼 수 있다.

의례와 성스러움

의례는 단순히 교리를 표현하는 수단이 아니다. 반대로 의례가 종교적 세계를 창조하는 적극적 역할을 한다는 사실이 최근 의례 연구에서 주목받고 있다. 스미스의 의례 연구는 이 지점에서도 중요한 기여를 했다.

종교학의 핵심 개념인 성과 속부터 언급할 필요가 있다. 종교학에서는 전통적으로 성과 속을 종교의 특성을 설명하는 가장 유력한 개념으로 사용했다. 세계를 성과 속이라는 근본적으로 이질적이고 대립하는 두 차원으로 나누어 이해하는 것이 다양한 종교들에서 공통적으로 나타난다는 것이다. 그런데 일반인이 생각하는 것과 달리 '성스러움'은 절대적으로 고정된 대상이 아니다. 엘리아데는 '성속의 변증법'을 주장하며 성과 속이 서로 변환 가능한 범주임을 강조했다. 스미스 역시 다음과 같이 말한다.

> 일상적인 것은 단지 거기[성스러운 자리]에 있음으로써 의미심장한 것이 되고, 성스러운 것이 된다. 그것은 특별한 방식으로 우리의 관심을 쏟게 만듦으로써 성스러워진다.… 요컨대 본질적으로 성스럽거나 속된 것은 존재하지 않는다. 성과 속은 실체적 범주가 아니라, 상황적 혹은 관계적인 범주다. 그 경계는 사용된 지도에 따라 옮겨 가는 유동적인 것이다. 그 자체로 성스러운 것은 존재하지 않는다. 다만 관계 속에서 성스러운 사물이 있을 뿐이다.(Smith, 1982: 55)

여기서 성과 속이 유동적 범주라는 주장은 엘리아데를 계승한 것이다. 그런데 엘리아데의 주장과 다른 부분이 있다. 성속의 변환은 어떻게 일어나는가? 엘리아데는 그 변환이 인간 인식의 현상이라고 말할 뿐 변화가 어떻게 발생하는지 명확히 말하지 않는다. 이 지점에서 스미스는 종교학에 성과 속의 구분을 도입한 뒤르켐의 입장을 따른다. 뒤르켐은 성스러움을 사회에 의해 규정된(구분되고 금지된) 것으로 보았고, 성스러움은 속되고 부정한 것이 닿을 수 없는 것이라는 매우 '공간적인' 이해를 제시했다(Smith, 1987/2009: 91). 스미스는 뒤르켐의 통찰을 적용해 ≪자리 잡기≫에서 공간에 주목하는 의례 이론을 제안한다. 간단히 말해 의례는 무언가를 특별한 자리에 놓음으로써 성스러움을 부여한다. 책의 영어 제목 "To Take Place"는 '발생'을 의미하는데, 단어 그대로 보자면 '자리를 잡아 줌'으로도 해석할 수 있다. 스미스의 의도는 두 의미의 겹침에 있는 듯하다. 주술사가 땅에 원을 그리면 그 안에서 마법적 변화가 일어나듯이, 의례에서도 자리를 잡아 주면 거기서 종교적 변화가 발생한다는 것이다. 책의 마지막 부분에서 스미스는 다음과 같이 말한다.

의례는 무엇보다도 주의를 기울이는 양식이다.… 우리는 또한 이 근본적인 특성을 통해 의례의 근본 요소로서 자리의 역할도 설명할 수 있다. 즉 자리는 주의의 방향을 정해 주는 것이다.… 누군가가 사원에 들어갈 때, 그는 성별(聖別)된 공간으로 들어가는 것이다. 그 공간에서는 최소한 원칙적으로는 그 무엇도 우연적이지 않으며, 최소한 잠재적으로는 모든 것이 주의를 필요로 한다. 사원은 주의의 방향을 지정함으로써, 차이의 지각을 요구함으로써 의미의 가능성을 설정하는 초점 렌즈의 역할을 한다. 사원 안에서는 일상적인 것이 단순히 거기 있음으로써 중요한 것이 되고, "성스러운 것"이 된다. 지극히 구별된 방식으로 주의가 집중되기 때문에 의례 대상이나 행위가 성스럽게 된다.(Smith, 1987/2009: 212)

의례를 통해서 무언가가 성스러워진다. 우리는 의례를 행하며 구별된 공간에 놓인다. 그 공간은 주의를 이끌어 의미를 부여한다. 스미스가 즐겨 인용하는 한 원주민의 말대로 "모든 성스러운 것은 반드시 제 자리를 갖기" 때문이다(Smith, 1987/2009: 8). 의례는 교리를 행동으로 표현하는 이차적 역할이 아니라 성스러움 자체를 형성하는 중심적 역할을 한다.

우리는 의례가 변화 없는 무지성적 반복이라는 편견을 갖고 있다. 그러나 스미스의 작업은 의례가 현실에 반응해

치열하게 스스로를 바꾸어 가는 성찰을 내포함을 드러내며, 공간적 분석을 통해 의례가 성스러움을 빚어낼 창조성을 지님을 보여 준다.

참고문헌

Bell, C.(1998). Performance. In Taylor, M. C.(ed.). *Critical Terms for Religious Studies*, pp. 205–228. Chicago: University of Chicago Press.

Smith, J. Z.(1982). *Imagining Religion: From Babylon to Jonestown*. Chicago: University of Chicago Press. 장석만 옮김(2013). ≪종교 상상하기: 바빌론에서 존스타운까지≫. 청년사.

Smith, J. Z.(1987). *To Take Place: Toward Theory in Ritual*. Chicago: University of Chicago Press. 방원일 옮김(2009). ≪자리 잡기: 의례 내의 이론을 찾아서≫. 이학사.

07
차이

세계관과 현실의 어긋남에 주목한 스미스는 어긋남이라는 주제를 '차이'에 대한 탐구로 발전시켰다. 단순한 낯섦을 넘어 기존 인식을 재편할 정도의 놀라운 차이가 탐구의 대상이 되었다. 유럽인이 신대륙을 조우했을 때 느낀 차이의 충격이 그 예다. '타자성'은 절대적 범주가 아니라 상대적·정치적 범주다. 멀리 있는 존재보다 가까운 타자가 더 큰 위협이 되며, 근접한 타자와의 갈등은 종교 분쟁으로 불거졌다.

놀라움을 자아내는 차이

스미스는 학문 여정 초기부터 차이에 주목했다. 지도와 지형의 다름, 즉 세계관과 현실의 어긋남이 스미스 종교 연구의 핵심 주제였다. 또한 스미스는 비교와 분류를 논할 때 유사성보다는 차이에 주목해야 한다는 이론적 태도를 꾸준히 보였다. 이러한 관심은 후기 작업에서 '차이'에 관련된 구체적 연구로 발달했다. ≪종교 관련짓기≫에 수록된 '차이 삼부작' 즉 "미분방정식: 타자의 구성에 관하여(Differential Equations: On Constructing the 'Other')", "차이를 만드는 차이(What a Difference a Difference Makes)", "다양한 종류의 근접 조우(Close Encounters of Diverse Kinds)"가 대표적 성과다. 스미스는 말년에 이 주제에 천착했다. 비록 성사되지는 않았지만, 이들 연구를 독립된 단행본으로 발간하려고 생각했을 정도였다(Smith, 2004: 38). 여기서는 차이 삼부작에서 스미스가 탐색한 다양한 자료를 통해 차이에 관한 이론화 작업을 소개하겠다.

차이란 무엇일까? 얼마나 달라야 우리는 그것을 다름으로 인식할까? 다르게 표현하자면, 우리의 인식을 재편할 정도로 놀라움을 안겨 주는 다름은 어떤 것일까? 스미스가 이 문제를 고민하기 위해 "다양한 종류의 근접 조우"의 첫

부분에서 다룬 자료는 놀랍게도 UFO를 만나고 외계인에게 납치당했다는 사람들의 이야기를 담은 납치 보고서(Abduction Report)다. UFO와 외계인을 가까이서 접촉하는 '근접 조우(close encounter)'는 다섯 종으로 분류되는데, 이 중 제4종 조우가 외계인에게 납치되는 경험이다. 수백 종의 납치 이야기를 분석해 보면 대략의 틀이 존재함을 알 수 있다. 외계인이 사람을 납치해 UFO로 데려간다. 바늘이 달린 도구로 사람의 몸을 검사한다. 그 후 텔레파시로 회담을 나누고 UFO 안을 둘러본 후 비행 여행을 갔다가 돌아오는 이야기가 구성된다. 이 만남 이야기에서 스미스가 주목하는 것은 '침묵'이다. 그들이 사람 몸을 검사하는 순간 침묵만이 흐른다. 낯선 존재인 외계인은 회색 유니폼을 입은 동질적인 존재로만 인식된다(Smith, 2004: 303-308). 전적으로 낯선 존재가 본질화되어 다양성이 사라진 이러한 상황은 단순히 낯설다고 해서 인식의 변화를 불러오는 '차이'가 나타나는 것은 아님을 보여 준다.

스미스는 유럽인이 타자와 대면한 역사적 순간을 통해 이 문제를 깊이 있게 다루었다. 낯선 사람을 접하더라도 기존 세계관의 체제 내에서 설명될 수 있다면 '차이'로 받아들여지지 않는다. 예를 들어 13~14세기에 몽골이 유럽을 침입했을 때, 유럽인은 이를 기독교 종말론 구도 속에 집어

넣어 이해했다. 그들은 몽골인들을 요한계시록(20장 8절)에 언급된 '곡(Gog)과 마곡(Magog)'으로 부름으로써 낯섦을 해소했다(Smith, 2004: 309-310). 이러한 만남이 주는 지적 놀람은 제한적이다.

유럽인에게 놀람을 안겨 준 사건은 신대륙과의 만남이다. 스미스는 이 만남이 준 지적 충격을 자세히 소개한다. 주지하듯 탐험가 크리스토퍼 콜럼버스(Christopher Columbus)는 아메리카를 새로운 대륙으로 여기지 않았다. 콜럼버스의 기록은 새로움을 인식하는 데 실패한 언어, 새로움을 기존 개념으로 번역하려는 노력으로 가득하다. 신대륙의 동식물까지도 유럽의 것으로 환원할 정도였다. 콜럼버스는 언젠가 "나이팅게일과 카스티야 지방 다른 새들의 노랫소리"를 들었다고 반갑게 기록했는데, 이들은 아메리카에 없는 새다(Smith, 2004: 265-270). 이후 아메리카가 새로운 대륙임이 분명해지자 유럽인은 엄청난 지적 충격을 받는다. 성서와 그리스 지리학이 결합한 서양 세계관에는 유럽, 아시아, 아프리카 대륙만이 존재했다. 성서에서 언급하지 않은, 그래서 하느님이 창조하지 않았을 성싶은 대륙, 사람, 동식물이 존재한다는 것은 받아들일 수 없었다. 그래서 여러 가설이 등장했다. 예를 들어 어떤 이는 노아의 방주가 두 척이 있었는데 한 척이 아메리카로 갔다고 주장했다. 다른 이는 노아의 자손이 이주를 통해 아메리카에 살게 되었다고 주장했다. 유럽인이 인류와 동식물의 다양한 근원을 인정한 것은 오랜 지적 논의의 진통을 겪은 후였다(Smith, 2004: 309-314).

차이의 이론: 타자성에서 차이로

스미스는 "차이를 만드는 차이"에서 '차이의 이론'을 제시하고자 했다. 이 이론적 논의의 시작은 뜻밖에도 기생충학이다. 기생충학은 생물학에서는 특이하게도 숙주와 기생충이라는 개체 간 '관계'에 따라 분류가 이루어진다. 기생충은 숙주의 표면에 사는 외부기생충과 숙주 내부에 사는 내부기생충으로 분류된다. 이득의 관점에서는 긴밀하게 상호작용하는 공생, 양쪽 모두 이득을 얻는 상리공생, 한쪽만 이득을 얻는 편리공생으로 분류된다. 기생충이 타자와의 관계에 의해, 다른 말로 '타자성'의 양태와 정도에 의해 분류된다는 의미에서 기생충학은 타자성의 유형론이라고 할 만하다(Smith, 2004: 254). 여기서 타자는 정치적인 범주임을 알 수 있다.

> '타자성'은 절대적 차이라기보다는 상대적 차이의 문제다. 차이는 동등하다고 판단된 개체들 간 비교의 문제가 아니다. 차이에는 흔히 위신과 지위의 위계가 동반된다. 그러한 구별들은 '근접한 타자'로 명명된 존재와 '가까운 이웃'을 날카롭게 갈라놓을 때 나타난다. 이는 '타자성'이 필연적으로 상호작용의 용어인 만큼 상대적인 범주이기에 생기는 일이다. 이러한 관점에서 '타자성의 이론'은 본질적으로 정치적이고 경제적이다. 다시 말해 그것은 흔히 규율에 지배되는 상호성의 상대적 이론을 핵심으로 한다.(Smith, 2004: 258-259)

그렇다면 서양 종교사에서 타자와의 관계가 어떻게 설정되었는지 살펴보자. 스미스는 서양인이 타자를 인식해 온 방식을 세 모델로 나누어 설명했다. 첫째는 환유 모델이다. 한 문화적 특질을 통해 우리와 타자를 구분하는 모델이다. 타자가 우리에게 친숙한 문화적 특성을 결여한다고 하거나, 낯선 특성이 있다고 하거나(생선 먹는 사람, 마늘 먹는 사람), 두드러진 신체적 특성이 있다고 하거나(백인, 흑인), 사람 아닌 종류의 별명을 지어 차이를 부각한다. 예를 들어 고대 수메르인은 아모리인이 "보리를 모른다"며 자신들과 구분했다. 또한 아모리인은 "도시 생활을 모르고" "익히지 않은 고기"를 먹으며 죽은 이를 "매장하지 않는다"고 묘사했다. 농업은 수메르인의 자아정체성과 관련된 핵심적인 문화적 속성이다. 따라서 '곡물을 아는 사람'과 '곡물을 모르는 사람'의 구분은 상대방을 통해 자신을 규정하는 상호 규정의 성격을 띤다.

둘째는 중심과 주변 모델이다. 이 모델은 흔히 도시 거주민과 주변 지역 거주민 간의 대립으로 나타나며, 제국주의적 모델로 널리 사용되었다. 보통 도시 정착민과 방랑 유목민의 이분법적 언어와 관련된다. 외부의 타자를 지칭하는 서양 언어들이 이와 관련된다. '페이건(pagan)'은 도시인과 대조해 시골 사는 사람을 일컫는 말이었다. '이교도(heathen)'는 황무지 사람(heath dweller)으로, 문명화되지 않은 야생의 땅에 사는 사람들이다. '새비지(savage)'는 숲 속 사람으로, 원래는 개간되지 않은 땅이나 야생 동식물을 뜻하다가 헐벗은 타자를 지칭하게 되었다.

셋째는 무지성 모델이다. 타자를 언어적으로 소통되지 않는 존재로 지칭하는 사례는 고대 서양에서 널리 발견된다. 그리스에서는 이성적 언어로 말하는 헬레네(Hellene)와 대조해, "버! 버! 버!"처럼 알아들을 수 없는 동물 같은 소리를 내는 사람들을 바바리언(barbarian)이라고 불렀다. 타자는 언어로 소통되지 않는 이들이었고, 이해 불가능한 존재였다. 여기서 다름은 무의미한 타자에 머물렀고, 이해될 수 있는 차이로 받아들여지지 않았다(Smith, 2004: 231-241).

스미스는 '타자성'이 언어와 개념화를 가로막는 반면 '차이'는 교섭과 사유를 촉발한다며 두 개념을 명확히 구분했다. 종교학에서 타자 개념이 사용된 유명한 예로는 루돌프 오토(Rudolf Otto)의 '전적 타자(ganz Andere, Wholly Other)' 개념이 있다. 오토는 인간이 두렵고 매혹적인 종교 경험을 통해 '전적 타자'를 대면한다고 주장했다. 그러나 스미스에 따르면 '전적 타자'는 전적으로 불가능하다. 타자가 우리 경험 내에 존재하려면 인간과 어떠한 면에서든 친연성을 지닌 존재여야 하기 때문이다(Smith, 2004: 241). 그래서 스미스는 종교를 서술할 때 불투명한 개념인 전적 타자 대신 소통 가능한 개념인 차이를 지닌 타자를 통해 접근하고자 했다.

근접한 타자

스미스는 타자성을 상대적 차이의 문제로 본다. "'타자성'은 어떤 절대적인 존재 상태가 아니다. 어떤 것은 '그 이외의(else)' 어떤 것에 관해서만 '타자'가 된다. 정치적으로 이해되든 언어학적으로 이해되든, '타자성'은 상황적 범주다."(Smith, 2004: 275) 타자성이 상대적이라는 사실과 관련된 중요한 쟁점이 하나 있다. 형제 종교 간의 다툼이 가장 격렬하고 빈번하게 나타난다는, 종교사에서 빈번하게 볼 수 있는 사실이다. 달리 말해 멀리 떨어진 타자보다 '근접한 타자(the proximate other)'가 문제적이고 위험하다(Smith, 2004: 245). 근접한 존재가 우리 정체성을 위협할 때 문제가 발생한다.

> '타자'는 '우리와 닮음(like-us)'이라고 인식될 수도 있고 '우리와 다름(not-like-us)'이라고 인식될 수도 있다. 사실 '타자'가 가장 문제 되는 것은 그것이 '우리와 너무 닮았(too-much-like-us)'거나 그것이 '우리임(be-us)'을 주장할 때다. 바로 이 지점에서 '타자 이론'이 정말 긴요하게 요청된다. 이 긴요함은 '타자'의 자리를 배치할 필요가 아니라 우리 자신의 위치를 설정할 필요 때문에 발생한다.… 이는 '멂(far)'이 아니라 분명히 '가까움(near)'의 사안이다. 문제는 다름이 아니라 유사성, 때로는 동일성이다. '타자 이론'은 '자기 이론'을 표현하는 또 다른 방식이다.(Smith, 2004: 275)

유감스럽게도 자기정체성을 추구하는 과정에서 가까이

있는 유사한 타자를 폭력적으로 배척하는 일은 종교사에서 널리 그리고 반복적으로 일어났다. 이는 신학 담론으로도, 실제 유혈 충돌로도 일어났다. 스미스는 다음과 같이 구체적으로 논한다.

> 대개 그들의 '멀리 떨어져 있음'이 우리의 무관심을 보장하는 것은 아니다. 기독교인과 유대인은 대부분 기독교인과 유대인으로서 콰키우틀(Kwakiutl)족이나 도교(道教) 신자의 타자성에 대해 생각해 본 적이 없다. '타자성'에 관한 엄청난 양의 기독교 신학적 사유가 '다른 기독교인'을 겨냥해 왔으며, 더 빈번하게는 유대인과 무슬림으로 대표되는 '기독교 근처'를 겨냥해 왔다. 오늘날에도 과거와 마찬가지로 종교 분쟁의 역사, '타자'에 대한 종교적 인식의 역사는 대개 같은 부류 내부의(intraspecific) 일이다. 즉 불교도가 불교도를, 기독교인이 기독교인을, 무슬림이 무슬림을, 유대인이 유대인을 겨냥한 타자 인식이다.(Smith, 2004: 276)

스미스는 좀 더 구체적이고 전문적인 사례들도 언급한다. 고대 이스라엘인은 히브리 성서를 통해 정복의 신화를 창조해 자신들을 외부자로, 그래서 가나안인과 다른 민족인 것처럼 꾸며 냈다. 바울은 유대인이나 그리스·로마 종교 구성원에 대해 적대적인 글을 쓴 적이 없지만, 자기 가르침과 다르다고 여겨지는 동료 기독교인에 대해서는 항상 적대적인 글을 썼다. 13세기 몽골에 간 선교사들은 전쟁 중이었음에도 사나운 타타르인과 기독교 유럽 문화의 긍정적 측면을 비교하는 데 어려움이 없었다. 정작 그들이 심각하게 문제 삼은 것은 네스토리우스파 기독교인이었다(Smith, 2004: 245). 이처럼 종교적 타자에 대한 비난은 사실상 남을 빌려서 한 자기 이야기다. 이러한 성찰적 시각으로 접근하는 것이 종교 갈등 상황에서 요청된다.

참고문헌

Smith, J. Z.(2004). *Relating Religion: Essays in the Study of Religion*. Chicago: University of Chicago Press.

08
엘리아데

선배 학자 프레이저를 철저히 읽고 비판했던 것처럼, 스미스는 엘리아데의 텍스트를 철저하게 소화해 대안적 이론을 제시했다. 엘리아데 자료의 원래 맥락까지 추적함으로써 새로운 공간 이론을 제안했다. 스미스는 엘리아데의 형태론적 접근을 계승했다. 그러나 성스러움을 존재론적으로 이해하는 부분은 거부했다.

선배 종교학자 프레이저와의 만남

이 책의 서두에서 조너선 스미스를 '엘리아데 이후의' 종교학을 대표하는 학자로 소개했다. 미르체아 엘리아데는 한 시대를 연, 현대 종교학을 정초한 대가다. 스미스가 엘리아데의 종교학에서 어떤 영향을 받았고 어떤 점을 극복했는지는 스미스의 학문 이력에서뿐 아니라 종교학사 차원에서도 핵심 사안이다.

스미스처럼 선배 종교학자의 책을 철저하게 읽고 그 독서를 기반으로 대안을 제시한 학자는 드물다. 여기서 강조하고 싶은 부분은 "철저하게"다. 스미스가 선배 학자를 어떻게 소화하고 비판하는지 이해하기 위해, 제임스 조지 프레이저를 다룬 그의 박사 논문을 살필 필요가 있다. 스미스가 1969년 예일대학교에서 작성한 박사 논문의 제목은 "영광, 농담, 수수께끼: 제임스 조지 프레이저와 ≪황금가지≫(The Glory, Jest and Riddle: James George Frazer and *The Golden Bough*)"다. 이후 스미스는 ≪지도는 지형이 아니다≫에 수록된 "가지가 부러질 때(When the Bough Breaks)"에서 이 논문의 요약을 제공했다. 이 글에 따르면 프레이저가 행한 비교 연구는 철저한 실패처럼 보인다. 스미스의 표현에 따르면 ≪황금가지≫에는 "물음이 없었고 따라서 답이 없다". 단, 스미스는 다음과 같은 단서를 통해 프레이저의 저서가 무가치한 것은 아니라고 말했다. "프레이저는 의도적으로 실패했다는 바로 그 이유에서, 내게 더욱 흥미롭고 가치 있는 학자다."(Smith, 1978: 239) 스미스의 학문적 동료였던 샘 길(Sam Gill)은 스미스 종교학을 종합적으로 평가한 ≪합당한 종교학(The Proper Study of Religion)≫에서 박사 논문의 문제의식이 스미스 평생의 학문적 주제로 이어졌음을 강조했다. 또한 논문 제목의 "농담"은 프레이저의 작업이 '의도적인 실패'였음을 가리키는 말이다. 즉 프레이저가 ≪황금가지≫에서 북유럽 발데르(Balder) 신화를 두고 농담했듯이, 스미스도 박사 논문에서 프레이저를 두고 농담했다는 것이다(Gill, 2020: 102).

스미스 박사 논문에 관련해서 강조하고 싶은 것은, 스미스가 선배 학자를 비평하기 위해 '어떻게' 작업했느냐다. ≪황금가지≫는 종교학사에서 손꼽히는 고전이지만, 방대한 분량으로 악명 높다. 우리가 보통 접하는 판본은 저자가 1922년에 축약한 한 권짜리이지만, 원래 이 책은 1890년 초판이 나온 이래 개정을 거쳤고 1915년 12권으로 구성된 3판이 출판되었다. 스미스는 모든 판본의 저작 전체를 읽은 것은 물론, 책에서 인용된 방대한 자료를 거의 모두 섭렵해 자료에 대한 오해가 있었는지, 이론화 과정에서 왜곡

된 것은 없는지 일일이 검증했다. 이는 스미스의 성실함을 보여 줄 뿐 아니라 종교학 이론의 중요한 측면과 관계된다. 종교학자는 자료를 통해 이론을 구성한다. 현지인의 목소리, 그것을 기록한 관찰자, 연구실의 학자 사이 관련성이 무엇인지, 소실된 현지의 맥락은 무엇인지, 과연 그 자료가 학자의 이론적 구도에 적합한지 물어야 한다. 스미스는 그러한 꼼꼼한 검토를 통해 프레이저의 저서를 만났고 비교 이론을 비평할 수 있었다. 그리고 엘리아데와의 학문적 만남에도 그러한 물음이 수반되었음을 강조하고 싶다. 참고로 현지의 자료와 학자의 이론 사이 불일치에서 생성되는 다양한 가능성은 "나는 붉은 앵무새입니다[I am a Parrot (Red)]"라는 글에서도 흥미롭게 다루어졌다(Smith, 1978).

엘리아데와의 만남: 거인의 어깨 위에서

스미스는 엘리아데를 이야기할 때마다 그의 인간적 면모를 추억한다. 엘리아데를 논한 글에서는 엘리아데라는 "거인의 어깨 위에" 있었기에 종교학이라는 세상을 조망할 수 있었다고 스승에 대한 예우를 갖추었다. 스미스는

1960년대 중반 캘리포니아대학교 샌타바버라캠퍼스에서 가르치던 시절에 학교를 방문한 엘리아데를 만나 긴 토론을 했다. 그리고 1968년 시카고대학교에 취직해 엘리아데의 따듯한 환대를 받았다. 스미스는 시카고대학교에 있을 때 엘리아데 저작을 집중적으로 탐구한 것으로 보이며, 그 결과 1971년에 강연하고 1972년 논문으로 출판한 "흔들리는 중심축"에서 엘리아데의 공간 개념을 요약하는 동시에 대안적 제안을 내놓았다(Smith, 1978). 여기서부터 엘리아데가 사용한 자료에 대한 철저한 검토에 기반한 스미스의 이론적 논의가 시작된다. 종종 제기되는 오해와는 달리 스미스의 논점은 엘리아데 이론이 자료 활용의 엄밀성이 떨어지기에 무효하다는 것이 아니다. 스미스는 자료에서부터 엘리아데와 함께 고민했기에 자료에서 놓친 부분을 찾아 새로운 시각을 제시할 수 있었다. 스미스 저작에서는 자료에서 길어 올린 대안적 논의를 심심치 않게 만날 수 있다. 이 중 세 가지 사례를 살펴보자.

사례 하나. 엘리아데는 성스러운 도시가 중심 상징 역할을 한다고 주장하면서 바빌로니아 사원에 사용된 명칭 '두르안키'를 예로 들었다. 일반적으로 이 단어는 '하늘과 땅의 결합'으로 이해되기에, 여기서 사원은 하늘, 땅, 지하 세계가 만나는 지점이라고 주장했다(Eliade, 1949/2003: 25-26).

반면 스미스는 '두르안키'가 하늘과 땅이 힘에 의해 분리되었을 때 남은 흉터를 의미한다는 다른 해석을 제시했다. 그 함의가 결합보다는 분리라는 해석이다. 여기서 하늘과 땅을 분리한 힘은 왕권과 관련된다. 스미스는 자료 재검토를 통해 엘리아데의 중심 상징이 보편적이라기보다는 왕권 이데올로기가 강한 세계관에 적합하다는 이론적 수정으로 나아간다(Smith, 1987/2009: 21, 51).

사례 둘. 엘리아데는 중심 상징을 강조하면서 삶의 의미를 제공하는 중심이 상실된다면 더 이상 살아갈 수 없을 것이라고 주장했다. 이를 극적으로 보여 주는 것이 오스트레일리아 원주민 아룬타(Arunta) 사람들 이야기다. 아룬타 사람들은 성스러운 기둥을 갖고서 유랑 생활을 했는데, 한 번은 기둥이 부러지자 땅에 누워 죽음을 기다렸다고 한다. 스미스는 이 자료를 꼼꼼히 검토한 결과 엘리아데의 자료가 부러진 기둥과 죽음 이야기를 잘못 짜깁기한 것이라고 지적했다. 이 자료는 유랑하는 사람들이 땅에 표시를 남기며 지형을 기억하는 방식을 보여 준다. 부러진 기둥도 기억에 사용된 아이템 중 하나였다. 스미스는 이러한 자료 검토를 통해 도시에 정주하는 사람과는 다른 공간 이해 방식을 설명하는 대안적 종교 공간 이론을 제시했다(Smith, 1987/2009: 19-45; Gill, 1998).

사례 셋. 엘리아데를 포함한 여러 종교학자가 최고신(high gods) 관념이 널리 분포하고, 특히 폴리네시아 지역에서도 발견된다고 말하기 위해 예로 드는 것이 뉴질랜드 원주민 마오리(Maori)족의 이오(Io) 신이다. 이오 신은 말씀으로 세상을 창조한 천상의 존재다. 그 창조의 말씀은 치유 제의에서 반복되는 원형적 모델로 사용된다(Eliade, 1949/2003: 89-90). 그런데 스미스는 자료를 검토해 이오 신에 대한 언급이 유럽인과 접촉한 이후의 자료에서만 나온다는 사실을 발견했다. 이 텍스트가 고유의 것이 아니라고 평가절하하는 것은 아니다. 그것은 기독교와 전통 신화 간 혼합적 상상력을 보여 주는 텍스트로, 근대의 변동에 대한 지적 반응의 산물이다. 이오 신에 대한 언급은 현실과 전통적 신화 사이 간극에 관해 성찰할 수 있게 하는 자료, 스미스가 강조하는 신화의 역할을 잘 보여 주는 자료로서 새로운 이론적 중요성을 갖는다(Smith, 1987/2009: 178-199).

존재론적 엘리아데와의 결별

엘리아데에 대한 스미스의 태도는 일반적으로 비평적이

라고 평가된다. 이는 스미스가 엘리아데가 사용한 자료를 비평적으로 재검토하고 대안적 이론을 제시했다는 점에서 가능한 표현이다. 단, 더 중요한 일은 스미스가 어느 부분까지 엘리아데의 유산을 계승하려 노력했고 어느 부분에서 다른 태도를 보였는지 정확하게 이해하는 것이다. 스미스는 말년에 엘리아데의 가장 대표적인 저서 ≪종교형태론(Patterns in Comparative Religion)≫을 집중적으로 분석한 글인 "감사의 글: 엘리아데 ≪종교형태론≫의 유형론과 역사(Acknowledgments: Morphology and History in Mircea Eliade's *Patterns in Comparative Religion*)"를 ≪종교 관련짓기≫에 수록했다. 스미스가 이 글에서 엘리아데를 어떻게 학문적으로 비평했는지 살펴보자.

엘리아데의 방대한 저작 중에서 핵심으로 꼽히는 것은 형태론적 접근을 취하는 ≪종교형태론≫과 역사적 접근을 취하는 ≪샤머니즘(Shamanism)≫, ≪요가(Yoga)≫, ≪대장장이와 연금술사(Forgerons et Alchimistes)≫ 등이다. 스미스는 이 중에서 ≪종교형태론≫을 통해 형태론적 접근을 규명하고자 했다. 스미스에 따르면 종교학자에게 ≪종교형태론≫은 "찬성하는 편이나 반대하는 편을 택해야 할 책으로, 선택을 회피할 수는 없는 책"이다.

스미스가 이 저서를 이해하는 데 필수적이라며 끌어

들인 사상가는 뜻밖에도 독일의 대문호 요한 볼프강 폰 괴테(Johann Wolfgang von Goethe)다. 괴테는 형태론(morphology) 개념을 처음으로 제안했고, 식물학을 통해 이를 구체화했다. 괴테는 시칠리아섬 팔레르모 식물원을 방문해, 숱한 식물들 가운데 '원형 식물(Urpflanze)'을 찾을 수 있다는 통찰을 얻었다. 괴테의 시 <식물의 메타모포시스(Die Metamorphose der Pflanzen)>는 이 통찰을 구체적으로 보여 준다. 식물의 전체 얼개는 씨앗에 내포되어 있다가 '질서' 있게 식물 각 부분으로 변형된다. 그 질서는 미분화된 단순함에서 분화된 복잡함으로 진행되는 진보, 복잡함에서 단순함으로 진행되는 퇴보, 외부 요인이 개입한 우발적 변형 등으로 설명된다(Smith, 2004: 66-70).

스미스는 엘리아데의 ≪종교형태론≫이 괴테의 기획을 따른 것임을 강조한다. 스미스는 엘리아데가 1951년에 괴테가 통찰을 얻은 팔레르모 식물원을 찾아 괴테를 떠올린 내용을 소개한다. 엘리아데는 일기에 다음과 같이 썼다. "이 정원에서 괴테는 레몬과 오렌지나무만이 아니라 모든 종류의 야자수와 선인장을 '관조했고(contemplated)' 그가 원형 식물이라고 이름 붙인 것을 '볼 수' 있었다." 또한 스미스는 엘리아데와 괴테를 연결하는 자기 생각을 말하자 엘리아데 자신도 기뻐했다는 일화를 소개하기도 한다

(Smith, 2004: 72).

≪종교형태론≫은 다양한 성현(聖顯, hierophany)의 사례로 가득 차 있는데, 이들은 책 전체에서, 그리고 각 장(章) 내부에서 체계적으로 배열되어 있다. 책 전체는 우주적 성현(2~7장), 생물 성현(8~9장), 지역 성현(10~11장), 신화와 상징(12~13장) 순으로 짜여 있다. 예를 들어 하늘 성현을 다룬 2장은 하늘이 초월성을 드러낸다는 성스러움에 대한 서술에서 시작한다. 하늘의 성스러움은 인간의 신화적 상상력의 작용으로 인격화되어 여러 문화권에서 우월성과 권능을 가진 천신으로 나타난다. 괴테의 원형 식물이 식물의 각 부위로 변형하는 과정과 마찬가지로, 엘리아데의 성스러움은 구체적이고 인간적인 차원으로 '융합', '대체', '퇴락'하는 변형의 과정을 보여 준다. 많은 점에서 엘리아데의 작업은 괴테 형태론의 언어로 번역될 수 있다(Smith, 2004: 87-90).

그러나 꼭 그러할까? 엘리아데의 작업이 괴테의 기획으로 완전히 이해될 수 있는가? 분명히 그렇지 못한 부분이 있다. 이 지점에서 스미스는 엘리아데와 결별한다. 스미스는 ≪종교형태론≫이 철저히 형태론 작업이었어야 한다고 본다. 그러나 스미스가 보기에 자주 등장하는 엘리아데의 '존재론적' 발언이 이 구도를 흩뜨린다.

> 엘리아데에서 예외적인 부분은, 그가 역사에 대한 형태론적 이해와 역사적인 것을 거부하는 존재론을 결합하려고 계속 시도한다는 점이다. 내가 30년 넘게 주장해 왔고 앞에서도 언급한 것처럼, 이런 대목에서 엘리아데의 움직임은 매우 문제가 많다고 생각한다. 그것은 형이상학적 위계 속에 형태론을 포함하는 것에 해당한다.(Smith, 2004: 94)

형태론적 이해에 따르면 성현은 성스러움의 변형된 현현이다. 그러나 엘리아데가 존재론적으로 말할 때, 성현은 존재의 역설적인 자기현시로 드러난다. 그것은 인간 외부로부터 주어지기에 초역사적 가치를 지닌다. '성현의 변증법'이라고 표현되는 성스러움의 역설적 양태는 엘리아데의 핵심 주장 중 하나다. 그러나 스미스는 이러한 '존재론적 엘리아데'를 자신의 엘리아데 이해에서 강하게 배제한다. 스미스는 초기 저작에서 엘리아데의 성스러움 개념과 관련해 "엘리아데가 뒤르켐이 종교학에 도입한 성속 이분법의 역동성을 유지하면서 성스러움을 오토의 개념(Das Heilige, the Holy)으로 대체하는 전략을 취했다"(Smith, 1978: 91)고 지적한 바 있다. 스미스가 오토적 의미보다는 뒤르켐적 의미의 성스러움을 지지한 태도는 후기에도 유지된다. 그래서 스미스는 "감사의 글"에서 존재론적 엘리아데를 거부하고 형태론적 혹은 인간학적 엘리아데를 계승하는 태도를 분명히 했다.

참고문헌

Eliade, M.(1949). *Le mythe de l'éternel retour.* Paris: Gallimard. 심재중 옮김(2003). ≪영원회귀의 신화≫. 이학사.

Eliade, M.(1958). *Patterns in Comparative Religion.* London: Sheed & Ward. 이은봉 옮김(1996). ≪종교형태론≫. 한길사.

Gill, S.(1998). *Storytracking: Texts, Stories, and Histories in Central Australia.* Oxford: Oxford University Press.

Gill, S.(2020). *The Proper Study of Religion: Building on Jonathan Z. Smith.* New York: Oxford University Press.

Smith, J. Z.(1978). *Map is not Territory: Studies in the history of Religions.* Leiden: Brill.

Smith, J. Z.(1982). *Imagining Religion: From Babylon to Jonestown.* Chicago: University of Chicago Press. 장석만 옮김(2013). ≪종교 상상하기: 바빌론에서 존스타운까지≫. 청년사.

Smith, J. Z.(1987). *To Take Place: Toward Theory in Ritual.* Chicago: University of Chicago Press. 방원일 옮김(2009). ≪자리 잡기: 의례 내의 이론을 찾아서≫. 이학사.

Smith, J. Z.(2004). *Relating Religion: Essays in the Study of Religion.* Chicago: University of Chicago Press.

09
번역

스미스는 종교학의 과정을 서술·비교·재기술·개정으로 제시했는데, 여기서 재기술이 '번역'에 해당한다. 번역은 낯선 것을 익숙한 것으로 설명하는 학문적 행위다. 아무리 낯설어 보이는 종교 현상도 비교를 통해 이해할 수 있게 하는 스미스의 연구가 번역이 무엇인지 잘 보여 준다. 또한 뒤르켐의 ≪종교 생활의 기본 형태≫는 종교를 사회라는 언어로 번역한 모범 사례로 꼽힌다.

번역, 종교학의 목적

스미스가 학문 여정 초기에 제안한 비교에 관한 방법론적 성찰은 종교학계에서 큰 반향을 일으켰다. 동료 종교학자들이 이에 대한 심포지엄을 열고 논의한 결과를 출판한 책이 ≪주술은 여전히 살아 있다≫인데, 스미스는 이 책에 짧은 결론 격의 에세이 "비교의 목적(The 'End' of Comparison)"을 수록했다. 다음은 비교 방법을 정리한 내용이지만, 종교학 전반의 절차에 관한 것이기도 하므로 소개할 가치가 있다.

> 서술(description)은 자료의 역사적·인류학적 측면을 구성하는 이중의 과정이다. 서술의 첫째 과정에서 요구되는 것은, 주어진 사례에 지역적 의미를 부여한 사회, 역사, 문화적 환경이라는 풍부한 직물 안에 사례를 위치시키는 것이다. 서술의 둘째 작업은 수용사(reception history)의 서술로, 우리의 이차적 학문 전통이 해당 사례를 어떻게 만나 왔는지 주의 깊게 서술하는 일이다.… 이렇게 이중의 맥락화가 완료되면, 우리는 같은 방식으로 두 번째 사례를 서술할 수 있다. 최소한 두 개의 사례가 갖추어지면, 우리는 중요하다고 여겨지는 측면과 관계의 관점에서, 그리고 우리가 관심을 갖는 범

> 주·질문·이론·모델에 관해서 비교를 수행할 수 있다. 그러한 비교의 목적은 사례들의 재기술(redescription)과 그것들의 상상과 관련된 학문적 범주의 개정(rectification)이다.(Smith, 2000: 239)

스미스는 종교학 하기를 서술, 비교, 재기술, 개정이라는 네 단계로 제시했다. 여기서 재기술이라고 언급된 내용이 후기 저작에서는 '번역(translation)'으로 표현되었다. 이 개념은 확장되어 종교학이 추구하는 '설명'을 가능케 하는 핵심 과정으로 이해되었다. 스미스는 다음과 같이 말한다.

> 설명과 해석은 모두 놀람이 계기가 되어 행해진다. 자연과학에서나 인문과학에서나, 놀람은 모르는 것(the unknown)을 아는 것(the known)의 관계 속으로, 차이를 유사성의 관계 속으로, 은유를 환유의 관계 속으로 끌어들임으로써 줄어든다. 자연과학과 인문과학 모두에서, 이것이 이루어지는 과정이 번역이다. 다시 말해 다음과 같이 주장할 수 있다. 한 영역(아는 것/익숙한 것)에서 적합성을 갖는 이론적 이차 언어가 다른 영역(모르는 것/낯선 것)에서 적합성을 갖는 이론적 이차 언어를 번역할 수 있다.(Smith, 2004: 30)

스미스 후기 저작에서 강조되는 번역 개념은 외국어 번역이라는 통상적 의미가 아니라 아는 것을 통해 모르는 것을 이해하게끔 하고 소통 가능하게 해 주는 학문의 역할을 일컫는 넓은 의미로 쓰인다. 그렇다면 종교학이 추구해야 할 번역은 스미스의 작업에서 어떻게 진행되었는가? 구체적 사례를 통해 살펴보자.

'인간적인 것은 아무것도 나에게 낯설지 않다'

1978년 남미 가이아나에서는 짐 존스(Jim Jones) 목사가 이끄는 인민사원(People's Temple. 일명 '존스타운') 농장에서 대규모 집단자살이 거행되었다. 총 918명의 사망자가 발생한 전대미문의 사건으로 미국 사회는 충격에 빠졌다. 미국 언론은 오랜 기간 존스 목사의 악마성을 부각하는 선정적 기사들로 도배되었고, 종교계는 인민사원이 '컬트(cult)'이므로 기독교와는 다르다며 선을 긋기에 바빴다. 그런데 이 와중에 종교학계는 이 사건에 관한 논문 하나 없이 "마치 존스타운 사건이 전혀 일어나지 않은 것 같은" 모습이었다. 초유의 낯선 종교로 인해 사회가 발칵 뒤집혔는데, 이를 설명해야 할 종교학자는 어디에 있는가? 이러한 시급함 속에서 작성된 글이 ≪종교 상상하기≫의 마지막 장으로 수록된 "존스 씨 안의 악마"다. '번역' 개념을 적극적으로 사용한 시기의 글은 아니지만, 이 작업은 낯선 것을 낯익은 것으로 설명하는 번역 작업의 구체적 사례로 손색이 없다.

존스타운 사건은 낯설기에 미치광이의 짓으로, 이해할 수 없는 행위로 받아들여진다. 그러나 스미스는 "존스타운의 사람들도 인간이었다"는 진술에서 출발했다. 얼핏 이해되지 않는 일이라도 종교 연구가 인간에 관한 것이라는 종교학의 기본 정신을 잊어서는 안 된다. 스미스는 다음과 같이 말한다.

> 종교는 상식의 영역으로, 일반시민의 담론과 인간관계 영역 안으로 들어오게 되었다. '인간적인 것은 아무것도 나에게 낯설지 않다'라는 오래된 어구를 다시 떠올리면서, 계몽주의는 우리에게 관용의 중요성을 부각시켰다.… 그리고 계몽주의는 그 어떤 인간적 자료도 우리가 이해할 수 없는 것으로 방치하는 것을 거부하고자 했고, 우리 이성의 영역 밖에 내버려두지 않겠다는 단호한 각오를 보여 주었다.(Smith, 1982/2013: 246)

흔히 미신, 사이비, 컬트 등은 이해할 필요가 없는 것으로 치부된다. 그러나 종교학의 자세에 따르면 그렇지 않다. 인간이 행한 일이라면 동의 여부와는 별도로 이해 대상에서 제외되어서는 안 된다. 그렇다면 어떻게 인민사원 집단자살이라는 낯선 현상을 우리에게 익숙하고 이해할 수 있는 현상으로 번역할 수 있을까? 스미스는 두 가지 비교를 통해 이 일을 종교사에서 우리가 알고 있는 영역으로 끌어들여 설명하고자 했다.

첫째로 스미스는 그리스의 디오니소스 숭배와 인민사원을 비교했다. 디오니소스 숭배자들은 다양한 민족과 성별의 차이를 초월한 평등한 공동체를 구성했다. 그곳은 도시에서 떨어진 자기들만의 낙원 같은 공간이었다. 이러한 유토피아적 공간은 외부 침입자에 극도로 민감하며, 염탐하고 침입하는 외부 존재에 대해 거칠고 폭력적인 반응을 보여 준다. 인민사원 역시 흑백 인종을 넘어선 평등주의 공동체를 기반으로 유토피아적 공간을 만들었다. 인민사원이 내부적으로는 천국의 수사를 사용하면서 외부적으로는 극히 공격적인 태도를 보인 것은 이러한 공동체의 특징이기도 했다.

둘째로 스미스는 화물 숭배와 인민사원을 비교했다. 멜라네시아 지역에서 발생한 화물 숭배는 백인의 경제적 수

탈에 대한 반응이었다. 그들의 항의 표시는 자신이 지닌 재화를 철저하게 파괴함으로써 백인들에게 경제적 상호성과 도덕적 책임감을 일깨우는 것이었다. 인민사원의 마지막 날 일어난 것은 총체적 파괴였다. 남녀노소를 가리지 않고 모든 이가 죽음을 맞이했고, 모든 가축이 살해되었으며 식수를 비롯한 농장 내 모든 것이 철저히 파괴되었다. 파괴는 항의의 메시지를 전달한다. 종교사에서 간혹 나타나는 '혁명적 자살'은 세상의 몰인정한 조건에 항의하고 누군가가 그 대가를 치를 것이라고 경고한다. 인민사원의 경우 파괴는 외부의 적, 그리고 그에 동조한 내부 반란자에 대한 경고였다.

"존스 씨 안의 악마"는 인민사원에 관한 초창기 연구로서 어느 정도 한계가 있고, 스미스 자신이 언급했듯 사례의 맥락 차이에도 유념할 부분이 있다. 하지만 스미스의 이 유명한 연구가 그가 훗날 번역이라고 지칭한 종교학적 설명이 무엇인지, 낯익은 것을 통해 낯선 것을 이해하도록 하는 것이 무엇인지 잘 보여 주는 사례임은 분명하다.

뒤르켐, 번역의 모범을 보이다

번역이 종교학의 중요한 역할이라면, 모범 사례로 꼽힐 만한 번역 작업을 한 선배 학자는 누구인가? 스미스는 딱 잘라 말한다. 사회학자 에밀 뒤르켐이다. "종교학에서 번역 과정의 가장 강력한 사례는 뒤르켐의 ≪종교 생활의 기본 형태(Les formes élémentaires de la vie religieuse)≫[이하 ≪기본 형태≫로 표기]라는 번역일 것이다. 여기서 '종교'(그에게는 모르는 것)에 적합한 언어가 '사회'(그에게는 아는 것)에 적합한 언어로 번역되었다."(Smith, 2004: 30) 뒤르켐이 번역의 모범이라는 언급은 스미스 글에서 여러 번 볼 수 있다. 다른 글에서는 "종교학사에서 가장 위대한 논증의 장인"이라는 칭송도 나온다(Smith, 2004: 128). 뒤르켐은 스미스에게 가장 중요한 학자 중 하나다. 프레이저나 엘리아데처럼 독립적인 글로 다루어진 적이 없다는 아쉬움은 있지만(Lehrich, 2021: 138), 뒤르켐은 스미스의 글에 숱하게 등장해 통찰력을 제공하는 멘토 역할을 한다. 그래서 여기서 잠시 뒤르켐에 대한 스미스의 애정을 소개하도록 하겠다.

뒤르켐이 모범적으로 번역했다는 언급은 스미스의 학부 수업 경험에서 비롯한 듯하다. 스미스는 시카고대학교에 있는 동안 학부 수업에 전념했는데, 강의계획서에 나타나듯 수업에서 학부생과 ≪기본 형태≫를 자주 읽고 토론했다(Smith, 2013: 17-18). 토론 내용은 스미스가 ≪뒤르켐 가르치기(Teaching Durkheim)≫에 기고한 글에서 볼 수 있다.

> 책을 살피기 전에 정의의 형태와 논리를 토론한 후, 학생들에게 '종교', '성과 속', '교회'와 같은 용어 정의를 써 보게 한다. 그런 다음 상식과는 다른 뒤르켐의 특정한 내용을 전거로 해서 뒤르켐의 시각에서 학생들의 정의를 다시 서술하게 한다. 이 작업에서 ≪기본 형태≫ 첫 부분 내용이 중요하다. 뒤르켐은 어떤 종류의 정의를 사용하는가? 왜 종교 정의를 제시하기 전에 잠시 유보했을까? 그 중간의 논증에서 이루어진 것은 무엇인가? 왜 종교는 '사회'의 관점에서 정의되는가? 왜 가장 간단하고 원시적인 사회를 다루는가? … 이러한 질문들에 대한 예비 답변은 이어지는 독서의 관점에서 개정되어야 할 것이다. ≪기본 형태≫는 수업에서 뒤르켐의 결론까지 읽은 후 되돌아가 시간을 들여 서론을 다시 읽고 토론할 만한 정교한 논리를 가진 책이다.(Smith, 2005: 5)

종교라는 낯선 분야에 대해 학부생과 토의할 기반을 마

련했다는 점에서 스미스는 뒤르켐의 책이 지닌 번역의 힘을 확신한 듯하다. 이 분야의 다른 책에서 보기 힘든 정교한 논의 구조가 그 바탕에 있다. 뒤르켐이 스미스 학문에 어떤 통찰을 제공했는지를 여기서 다룰 수는 없다. 다만 스미스가 얼마나 뒤르켐 책의 애독자였는지만 간단히 소개하고자 한다. ≪종교 관련짓기≫에 수록된 "만나, 어디에나 있는 마나(Manna, Mana Everywhere and /◡/◡/)"라는 글이 있다. 전반부는 구약성경의 만나(manna)를, 후반부는 뒤르켐 저작에서 핵심적인 역할을 한 마나(mana) 개념을 분석한 글인데, 이 글의 동기가 된 것은 스미스가 뒤르켐 책(영역본)을 읽다가 발견한 오타였다. 오타는 한 오스트레일리아 부족 의례를 설명하는 대목에 나온다. "일필라[만나(manna)의 일종] 씨족에서는 의식이 다음과 같이 진행된다. 인티츄마(Intichiuma) 날이 다가오면, 사람들은 큰 바위가 있는 곳에서 만난다.… 거기 묻혀 있었다고 이야기되는 추링가(tjuringa)를 파내는데, 이것은 '마나(mana)'의 본질과도 같은 것이다."(Smith, 2004: 141) 만나는 사막 지역 지의류(地衣類)의 일종인데, 이를 토템으로 하는 씨족 의례에서 '만나'의 본질을 대면한다고 서술하는 대목이다. 만나가 들어갈 자리에 'n'이 하나 빠져 마나가 된 오타를 발견한 스미스의 회심의 미소, 이것이 한 논문의 출발점이었다. 프레이저나 엘리아데의 경우에서 볼 수 있듯 종교학 서적에 대한 스미스의 집중은 덕질 수준이었다. 하지만 뒤르켐 덕질에서는 '찐팬'으로서의 애정이 묻어난다는 점이 다르다.

참고문헌

Lehrich, C. I.(2021). *Jonathan Z. Smith on Religion*. London: Routledge.

Smith, J. Z.(1982). *Imagining Religion: From Babylon to Jonestown*. Chicago: University of Chicago Press. 장석만 옮김(2013). ≪종교 상상하기: 바빌론에서 존스타운까지≫. 청년사.

Smith, J. Z.(2000). The "End" of Comparison: Redescription and Rectification. In Patton, K. C. & Ray, B. C.(eds.). *A Magic Still Dwells: Comparative Religion in the Postmodern Age*, pp. 237–242. Berkeley: University of California Press.

Smith, J. Z.(2004). *Relating Religion: Essays in the Study of Religion*. Chicago: University of Chicago Press.

Smith, J. Z.(2005). Introducing Durkheim. In Godlove, T. F.(ed.). *Teaching Durkheim*, pp. 3–11. New York: Oxford University Press.

10
종교학

스미스는 종교를 신비하고 독특한 것으로 보지 않고, 인간의 일상적 사유와 활동 속에서 이해할 수 있는 지적 영역으로 규정했다. 종교를 '알 수 없는 것'이 아니라 상식적 언어로 번역 가능한 대상으로 보았다. 스미스는 종교학을 인간 지적 활동을 탐구하는 학문으로 재정의해 21세기에 필요한 새로운 학술 언어를 제공했다.

종교에서 읽어 내는 일상적 사유

스미스는 말년의 저작 ≪종교 관련짓기≫에 자신의 평생 학문 여정을 정리한 글 "패를 깔 때"를 실었다. '패를 깔 때(when the chips are down)'는 카드 게임 마지막에 자기 패를 공개하는 순간을 뜻하는 표현으로, 스미스가 자기 학문의 결정적 순간에 도달했음을 인지했음을 암시한다. 스미스는 자신의 학문적 배경에서 출발해 평생 추구한 학문적 주제를 정리했다. 그 정리의 마지막 부분에서 스미스는 다음과 같이 말한다.

> 차이, 그리고 그것과 사유의 관련성에 관한 더 복합적인 이해와 결합해 재서술, 번역, 일반화라는 새로운 개념들을 도입함으로써, 내가 처음에 분류 문제와 연관시키고 나중에 전도(顚倒, reversal), 반역, 상황적 부정합성에 관한 초기 논문에서 발전시킨 문제들이 한곳에서 만나게 되었다. 종교학에서 이론적 구성물의 지위에 관한 고민은 종교에서 얻은 자료에 대한 관심과 만나고, 종교 서술에서 통일성과 일치성을 강조한 학자들을 비판한 오랜 흐름에 합류한다. 이러한 꾸준한 관심들에서 공통된 점은, 지형보다 지도를 우선 선택할 때 일어나는 뒤틀림의 인식 능력에 계속 주목했다는 것

이다.(Smith, 2004: 31)

표현의 차이는 있지만, 이 책에서 핵심어로 다룬 내용이 대부분 나열되었다. 스미스는 일생의 주제를 종교 자료에서 읽어 낼 수 있는 '인식 능력'으로 압축했다. 그 의미는 다음과 같다. "종교는 특정한 경험 양식을 불러일으키는 하나의 계시(disclosure)로서 이해될 수 있는 것이 아니다. 그와 반대로 종교는 어떤 '상황'을 통해 끊임없이 사유하는 인간의 활동이다."(Smith, 2004: 32)

우리는 상식적으로 종교는 알 수 없는 것, 신비한 것이라고 생각해 왔다. 그러나 스미스는 종교가 '알 수 있는 것'이라고 줄기차게 말해 왔다. 예컨대 ≪종교 상상하기≫ 서문에서 종교를 색다른 범주가 아니라 일상적 범주로 상상해야 한다고 주장했다. 종교에 '타자'는 존재하지 않으며 그것에서 우리가 매일 보는 '보통의 이야기'를 볼 수 있다고 이야기했다. 스미스는 종교사상 어긋남의 상황을 다루는 논문에서 차이에 대해 성찰하는 종교인의 사유를 보여주었다. 비교의 문제를 다룬 ≪신성한 노역≫에서 전하는 핵심 주장은 비교에서 '차이' 담론을 발전시켜야 한다는 것이다. 종교에서 주장하는 '독특함'에 갇히지 말고 '차이'를 통해 분류와 비교 작업을 수행해야 한다는 것이다(Smith,

1990: 42). 차이는 알 수 있는 것이고, 독특함은 앎을 차단하는 언어다. 독특함은 신학적 태도이기도 하고, 적지 않은 고전 종교학자가 유지한 견해이기도 하다. 스미스는 엘리아데가 성스러움이 인간 외부로부터 주어진 독특한 무언가라고 말할 때 엘리아데와 결별했다. 다시 말해 스미스에게 종교는 우리가 이해할 수 있는 인간 사유의 영역이다. 종교는 언뜻 알 수 없는 것처럼 보이지만, 그것을 우리가 아는 것으로 번역하는 일이 바로 종교학의 역할이다.

종교를 서술하는 새로운 언어

답하기 어려운 질문으로 마무리해 보자. 스미스가 종교학에 남긴 것은 무엇인가? 스미스에 앞서 20세기 중반 세계종교학을 이끌고 가슴 설레게 하는 학문적 포부를 제시했던 엘리아데는 시대가 요청하는 새로운 언어를 통해 종교학을 확립했다. 엘리아데는 하나의 전통 속에서 사유하던 '종교'의 시대에서 여러 전통이 공존하는 '종교들'의 시대로 이행하는 시기에 활동했다. '종교들' 시대의 현실을 '종교' 시대의 언어를 사용해 서술하는 부적합함이 드러날 때, 엘리아데는 기존 문법과는 차원이 다른 언어를 통한 종교

서술이 가능함을 보여 주었다(정진홍, 2003: 9). 성과 속, 성현, 실재, 원형, 상징 등의 독자적 언어를 통해 종교학이 '종교들'을 서술할 수 있음을 보여 주었다.

스미스가 엘리아데만큼의 역할을 한 학자인지에 대한 평가는 다양할 것이다. 하지만 스미스 역시 시대가 요청하는 새로운 언어를 종교학에 제공한 학자였다. 스미스는 '종교들'의 시대를 지나 '종교적인 것'의 시대를 살았다. 낯선 것으로 여겨지는 종교를 상식적 언어로 번역해 그것이 여타 영역과 어떠한 관계를 맺는지 서술하는 언어를 제시했다. 종교학이 인간에 대한 관심에서 출발한다는 종래 종교학의 문제의식을 계승해 완성된 모습으로 제시했다. 이와 관련해 스미스의 절친한 친구인 신약학자 버턴 맥(Burton Mack)이 내린 다음과 같은 평가는 스미스 학문 언어의 새로움을 잘 설명한다.

> 존재론적인 성스러움이 없다. 신적 행위자가 없다. 태초의 것이든 인격적인 것이든 극적으로 개입하는 사건이 없다. 낭만주의가 없다. 신비주의가 없다. 내세의 상징체계가 없다. 그 대신 인간의 창의성이 있다. 상황에 주목하고, 언어를 다듬고, 문법을 구성하고, 상징체계를 갖고 작업하고, 자리바꿈을 조율하고, 아이콘을 만들고, 집단 추론에 참여하고, 적

> 응, 해석 규칙, 분류, 사회 구조적 비교와 상상적 세계 구성을 위한 전략을 결정한다.… 스미스는 종교사에 사용되는 몇몇 범주를 정확하게 '개정했고', 많은 '상황'을 '재서술'했고, 상황들을 차이의 관점에서 비교하고 사회 구조와 지적 구조 차원의 비유를 제공했다. 스미스는 보편성을 추상화하지 않으면서도 설득력 있는 일반화를 제안했고, 성스러움을 탈신비화했고, '종교'를 일상의 흥미와 관련된 지적 참여라는 인간의 기획으로 재정의했다. 친숙함을 유지하기 위해 옛날 용어가 여전히 많이 사용되었지만(정경, 해석, 해석학, 점술, 의례, 성스러움 등), 그 어느 것도 같은 의미로 쓰이지 않았다.(Mack, 2008: 299)

'종교적인 것'의 시대의 종교학자로서 스미스는 종교를 인간의 활동으로서 서술하는 기본 정신을 철저히 밀고 나갔다. 종교 활동은 인간의 여느 활동과 질적으로 다르지 않은, 번역할 수 있는 것이다. 과거 신학자는 기독교가 독특한 종교이므로 비교를 초월하는 지점이 있다고 말했다. 스미스는 이를 거부한다. 비교할 수 없는 독특성은 신학적 전제일 뿐, 한 종교의 다름은 비교할 수 있는 '차이'다. 과거 종교학자는 종교가 독특한 현상이므로 다른 분야로 환원될 수 없다고 말했다. 스미스는 이를 거부한다. 종교는 인간의 지적 활동으로, 다른 분야와의 관련성을 통해 번역되어 이해될 수 있는 영역이다.

스미스 이후

2017년 스미스의 사망을 전후해 그의 종교학을 정리하고 계승하려는 학술 행사와 출판이 이어졌다(차선근, 2022: 101-102). 스미스가 현재 종교학의 주류 방법론을 대표하는 학자임을 반영한 움직임이다. 스미스 학문을 조망하는 여러 저서 가운데, 크리스토퍼 레리히(Christopher Lehrich)의 ≪조너선 스미스의 종교론(Jonathan Z. Smith on Religion)≫과 샘 길의 ≪합당한 종교학≫이 이 책을 준비하는 데도 도움이 된 종합적인 안내서다. 그중에서도 1968년 시카고대학교에서 사제지간으로 만난 이래 반백 년 동안 스미스와 학문적 동지였던 샘 길의 문제 제기를 소개하며 마무리하고자 한다. 스미스에 대한 길의 평가에서 특이한 지점은 동년배 의식이다. 길은 자기 책의 저술 이유를 다음과 같이 밝혔다.

이 시점에 1960년대 중반에 학문적 경력을 시작한 이들은 대부분 은퇴하거나 사망했다. 지금은 결산의 시간이다. 종교학은 성숙했는가? 종교학은 현대 세속 대학에서 안정적이고 합당한 자리를 얻었는가? 이 질문 어느 것에도 강한 확신을 갖고 자신 있게 대답할 수 없다는 것이 내 느낌이다. 여기에 이 책의 시급함과 중요함이 있다.(Gill, 2020: 6)

1960년대 말, 1970년대 초는 미국 내 종교학과가 급격히 팽창한 시점이었고, 스미스나 길은 이 시기에 교수 자리를 얻은 많은 종교학자 중 하나다. 스미스의 사망은 종교학의 양적 성장을 이끈 한 세대가 끝나 감을 보여 주는 것이기도 하다. 이 시기에 종교학은 일반 대학에서 요청되는 합당한(proper) 학문으로 자리 잡아야 한다는 중요한 과제를 안고 있었다. 그러한 합당함을 갖추려면 인간의 지적 활동으로서 종교 연구를 강조한 스미스의 유산이 적극 활용되어야 하는데, 길이 보기에는 충분히 그러지 못했다.

스미스는 이 시대의 가장 유명한 종교학자였지만, 그가 제안한 주제가 학문 공동체에서 진정성 있게 어젠다로 수용되었는지는 다른 문제다. 비교, 분류, 종교 개념 등의 이론적 문제에 관심을 표한 동료 학자들이 있었지만, 그 영향은 학계 전반에서 보면 부분적이었다. 엄청나게 많은 구성원을 자랑하는 미국 종교학 공동체에 속한 길의 솔직한 생각이 그러하며, 한국 종교학계를 바라보는 필자의 생각도 그러하다. 다양한 지적 배경과 연구 분야를 가진 학자들을 '종교학자'로 묶어 줄 수 있는 공통된 지적 관심이 부족한 것이 현재 종교학이 처한 어려움이다. 조너선 스미스가 남긴 학문적 유산은 오늘날 종교학이 처한 위기를 극복하기 위해 고민해야 하는 살아 있는 물음들이다.

참고문헌

정진홍(2003). ≪M. 엘리아데: 종교와 신화≫. 살림.

차선근(2022). "스미스와 스미스, 종교학의 대장장이들: '종교'에서 '종교들'로". ≪종교연구≫, 82(2), 87-113쪽.

Gill, S.(2020). *The Proper Study of Religion: Building on Jonathan Z. Smith*. New York: Oxford University Press.

Lehrich, C. I.(2021). *Jonathan Z. Smith on Religion*. London: Routledge.

Mack, B.(2008). Sacred Persistence?. In Braun, W. & McCutcheon, R. T.(eds.). *Introducing Religion: Essays in Honor of Jonathan Z. Smith*, pp. 296-323. London: Equinox Publishing Ltd.

Smith, J. Z.(1990). *Drudgery Divine: On the Comparison of Early Christianities and the Religions of Late Antiquity*. Chicago: University of Chicago Press.

Smith, J. Z.(2004). *Relating Religion: Essays in the Study of Religion*. Chicago: University of Chicago Press.

조너선 스미스(Jonathan Z. Smith, 1938~2017)

현재 종교학 주류의 이론적 태도를 형성하는 데 절대적 영향을 미친 미국 종교학자다. 시카고대학교에서 44년간 강의하면서 다섯 권의 주저를 포함한 다수의 영향력 있는 글을 발표했다. 미르체아 엘리아데 이후 세대의 종교학을 이끈 학자로 꼽힌다. 종교 개념, 분류, 비교, 차이와 같은 이론적 이슈를 제시해 기존 종교학을 비판적으로 재구성하고 엄밀한 학문적 기반 위에서 비교 연구를 진행했다. 종교가 인간 일상의 영역에 속한 것임을 강조하고 지적 창조력이 발휘되는 순간을 포착했다. 깊이 있는 이론적 통찰, 시대와 지역을 넘나드는 방대한 자료 그리고 학술적 위트가 어우러진 저서는 학계의 필독서가 되었다.

방원일

서울대학교 종교학과 강사다. 서양과 한국종교가 만나는 양상에 관심을 두고 연구해, 서울대학교에서 ≪초기 개신교 선교사의 한국 종교 이해≫(2011)라는 논문으로 종교학 박사 학위를 받았다. 이후 논문 내용을 발전시켜 출판한 책이 ≪개신교 선교사와 한국종교의 만남≫(2023)이다. 현재는 인문사회학술연구교수로서 물질종교의 관점에서 근대 한국 종교사를 새롭게 서술하는 연구를 진행하고 있다. 저술로는 ≪우리에게 종교란 무엇인가≫(2016, 공저), ≪메리 더글러스≫(2018), ≪근대 전환기 문화들의 조우와 메타모포시스≫(2021, 공저), ≪메타모포시스의 현장: 종교, 전력망, 헝가리≫(2023, 공저) 등이 있다. 옮긴 책으로는 ≪자연 상징: 우주론 탐구≫(2014), ≪근대전환공간의 한국종교(I, II)≫(2021, 2023) 그리고 이 책의 집필 계기가 된 ≪자리 잡기: 의례 내의 이론을 찾아서≫(2009)가 있다.